Rimbaud

Série Biografias **L&PM** POCKET:

Albert Einstein – Laurent Seksik
Átila – Éric Deschodt / Prêmio "Coup de coeur en poche" 2006 (França)
Balzac – François Taillandier
Baudelaire – Jean-Baptiste Baronian
Billie Holiday – Sylvia Fol
Cézanne – Bernard Fauconnier / Prêmio de biografia da cidade de Hossegor 2007 (França)
Freud – René Major e Chantal Talagrand
Gandhi – Christine Jordis / Prêmio do livro de história da cidade de Courbevoie 2008 (França)
Júlio César – Joël Schmidt
Kafka – Gérard-Georges Lemaire
Kerouac – Yves Buin
Leonardo da Vinci – Sophie Chauveau
Luís XVI – Bernard Vincent
Marilyn Monroe – Anne Plantagenet
Michelangelo – Nadine Sautel
Modigliani – Christian Parisot
Oscar Wilde – Daniel Salvatore Schiffer
Picasso – Gilles Plazy
Rimbaud – Jean-Baptiste Baronian
Shakespeare – Claude Mourthé
Van Gogh – David Haziot / Prêmio da Academia Francesa 2008
Virginia Woolf – Alexandra Lemasson

Jean-Baptiste Baronian

Rimbaud

Tradução de JOANA CANÊDO

www.lpm.com.br

L&PM POCKET

Coleção **L&PM** POCKET, vol. 975
Série Biografias/23

Texto de acordo com a nova ortografia.
Título original: *Rimbaud*

Primeira edição na Coleção **L&PM** POCKET: outubro de 2011

Tradução: Joana Canêdo
Capa e projeto gráfico: Editora Gallimard
Ilustrações da capa: retrato de Arthur Rimbaud, Paris, 1872 (acima); óleo sobre tela de Henri Fantin-Latour (1836-1904), Museu d'Orsay, Paris (abaixo)
Preparação: Patrícia Yurgel e Elisângela Rosa dos Santos
Revisão: Gustavo de Azambuja Feix

CIP-Brasil. Catalogação na Fonte
Sindicato Nacional dos Editores de Livros, RJ

B245r

Baronian, Jean-Baptiste, 1942-
    Rimbaud / Jean-Baptiste Baronian; tradução de Joana Canêdo. – Porto Alegre, RS: L&PM, 2011.
    224p. – (Coleção L&PM POCKET; v. 975)

    Tradução de: *Rimbaud*
    Anexos
    Inclui bibliografia
    ISBN 978-85-254-2487-7

    1. Rimbaud, Arthur, 1854-1891. 2. Escritores - França - Biografia.
I. Título. II. Série.

11-5930.	CDD: 928.41
	CDU: 929:821.133.1

© Éditions Gallimard 2009

Todos os direitos desta edição reservados a L&PM Editores
Rua Comendador Coruja, 314, loja 9 – Floresta – 90220-180
Porto Alegre – RS – Brasil / Fone: 51.3225.5777 – Fax: 51.3221.5380
Pedidos & Depto. comercial: vendas@lpm.com.br
Fale conosco: info@lpm.com.br
www.lpm.com.br

Impresso no Brasil
Primavera de 2011

Sumário

Uma mulher dedicada / 7
Place du Sépulcre / 14
Tirania doméstica / 21
Boemices / 29
Em meio às cinzas / 37
Crapulear / 45
No toucador de Mathilde / 54
Um convidado indesejado / 60
O anjo do escândalo / 68
Plano de fuga / 76
Com os comunalistas / 84
No coração de Lan'dan / 93
A mulherzinha / 100
Dois tiros em Bruxelas / 107
Sangue mau / 115
A volta do fauno / 124
De um lado para o outro / 132
Rimbald, o Marujo / 139
Chipre: ida e volta / 146
Aprendiz de geógrafo / 153
Em Ogaden / 160
De armas em punho / 168
Uma vida que "periclita" / 176
O terror dos cães / 183
Marselha, estação derradeira / 191

ANEXOS / 199
    Cronologia / 201
    Referências / 207
    Notas / 212
    Sobre o autor / 221

Uma mulher dedicada

Quando, no início da década de 1860, na cidade de Charleville, nas Ardenas francesas, as pessoas falam de Vitalie Rimbaud, em geral é para se perguntar como ela faz para criar sozinha seus quatro filhos, já que seu marido, o capitão Frédéric Rimbaud, quase nunca está em casa.

As opiniões divergem. Alguns afirmam que ela tem uma coragem insana. Uma coragem herdada de seus antepassados, sólidos fazendeiros ardenenses. Uma coragem adquirida e forjada desde os cinco anos, em decorrência da morte inesperada de sua mãe em 1830, em Roche – um vilarejo situado no vale do rio Aisne, entre Vouziers e Attigny, que já fora a residência dos reis merovíngios e onde o próprio Carlos Magno aceitou a rendição de Witikind, o temível chefe saxão.

Dizem ainda que aos dezesseis anos Vitalie já se ocupava de tudo na fazenda da família: de seu velho pai, Jean Nicolas Cuif, de seus dois irmãos, dos trabalhadores, das plantações, dos animais, da cozinha, da limpeza, dos mantimentos, das despesas que devem ou não ser feitas... sem jamais economizar esforços ou se lamentar. Sem tampouco conceder a si mesma a menor distração, mesmo que fosse simplesmente participar dos festivais rurais de Vouziers ou Voncq, a aldeia vizinha, na margem oposta do Aisne. E, ao que parece, foi nesses anos de labuta e servidão que adquiriu seu senso de dever e de trabalho benfeito, para o ascetismo e a vocação para os cuidados com a terra e com a família.

Cristã devota, católica fervorosa, para ser mais exato, ela observa todos os mandamentos e preceitos de Roma. É de fato bastante rigorosa e nunca deixa de assistir à missa de domingo em companhia dos filhos na recém-erguida Igreja de Notre-Dame, onde sempre comunga. Não chega a ser uma beata, mas é quase isso.

Sua tez é levemente morena, tem o rosto largo, olhos azul-claros, um nariz reto, a boca fina, o porte de uma mulher orgulhosa e enérgica a quem ninguém engana. Um temperamento forte, é o que se diz com frequência sobre ela. Em todo caso, uma mãe que inspira respeito e é respeitada.

Aos olhos de muitos outros, por outro lado, Vitalie Rimbaud merece toda a compaixão. Bradam contra seu marido que a abandona só com os filhos, sob pretexto de servir à pátria em quartéis distantes – de Lyon a Annonay, Valence, Dieppe ou Grenoble.

Aliás, quem ao certo é esse militar de carreira, que ostenta espessos bigodes loiros no estilo imperial, esse estrangeiro de porte mediano, nariz curto e lábios carnudos, nascido em Dole em 1814 e alistado no exército francês desde os dezoito anos? Rumores asseguram que é muito instruído, faz malabarismos com a gramática e conhece várias línguas, inclusive o árabe, que teria aprendido na Argélia, onde serviu como subtenente em um batalhão de infantaria por volta de 1841.

Mas o que o teria levado, em fevereiro de 1853, quando estava aquartelado em Mézières, a mostrar interesse por Vitalie Cuif, a quem conheceu durante uma apresentação pública da orquestra do 47º regimento de infantaria de Givet, na agradável Place de la Musique em Charleville?

Amor à primeira vista?

Não, ninguém de fato acredita nisso. Ainda mais porque Vitalie não é nem atraente, nem sedutora, nem abastada. Tampouco é das mais simpáticas. Talvez seja porque aos 28 anos ela ainda fosse solteira e porque ele, perto dos quarenta, estivesse na mesma situação...

Segundo as más-línguas, como marido, Frédéric Rimbaud só serve para produzir rebentos entre duas licenças militares e, em seguida, deixar todo o peso da educação para a mulher! Quem sabe se ele não tem filhos de outra mulher, em outra cidade, em outros cantos da França? Quem sabe se ele não é bígamo? Talvez seja essa a razão pela qual nunca mais foi visto nem em Charleville nem em Mézières depois de uma derradeira visita ao lar familiar no outono de 1860.

Alguns estão convencidos de que, se partiu para sempre, foi porque não aguentava mais a esposa autoritária e dominadora, uma matrona peremptória e tirânica, com quem brigava sem parar. Dizem que, cada vez que se encontravam, as cenas se multiplicavam – os vizinhos podiam escutar os insultos que se lançavam, os gritos, os urros e os objetos jogados na cara um do outro!

Em todo caso, tudo se passa como se Vitalie Rimbaud fosse viúva – uma viúva de fato – com quatro filhotes debaixo da asa. O primeiro filho nasceu em 2 de novembro de 1853, após dez meses de casamento. Como seu pai, recebeu o nome de Frédéric. Então vieram, na ordem, Arthur, em 20 de outubro de 1854, Victorine Vitalie, em 1857 (que infelizmente faleceu aos três meses), Vitalie, em 15 de maio de 1858, e enfim Isabelle, em 1º de junho de 1860. Portanto, dois meninos, os mais velhos, e duas meninas, as caçulas.

No bairro onde vivem, na Rue Bourbon, uma rua movimentada na qual se alinham casinhas estreitas e desprovidas de qualquer encanto, Frédéric e Arthur brincam felizes com os garotos do bairro: crianças de famílias operárias, pobres, vestidas de trapos, sujas, fedidas, malnutridas, sem educação, insolentes, grosseiras, selvagens... isso desagrada sobremaneira a sra. Rimbaud, que está convencida de que seus filhos valem mais. Mesmo que o marido não se faça presente, ela acredita que o casamento deveria ao menos ter-lhe assegurado uma certa promoção social, uma vida entre os burgueses e a boa sociedade de Charleville.

Fundada em 1606 por Charles de Gonzague, governador da região de Champagne e príncipe d'Arches, Charleville é a segunda maior cidade do departamento das Ardenas, depois de Sedan, e a sede de um pequeno cantão. Todavia – graças a uma população ativa de industriais e comerciantes, e a vários estabelecimentos de crédito – a cidade está florescendo. Já supera a velha vila militar de Mézières com a qual forma, no entanto, do ponto de vista geográfico, econômico e, em parte, administrativo, uma única e mesma aglomeração. Aliás, passa-se de Charleville a Mézières sem nem mesmo se dar conta, seja atravessando pela Cour d'Orléans, seja pegando a

Avenue Nationale para depois cruzar a ponte d'Arches sobre o rio Meuse.*

Por sorte, a sra. Rimbaud conseguiu manter o sítio familiar de Roche após a morte de seu pai, em 1858. Sempre que tem uma oportunidade, mas em geral apenas durante as férias escolares, vai para lá carregando os filhos consigo. É bom passar uns tempos no campo e, naquela região, a natureza é repleta de prazeres. Arthur gosta bastante do lugar. Seu quarto, que divide com o irmão e que é voltado para o pátio, fica no primeiro andar. De uma janela localizada na parte de trás, ele tem todo o tempo do mundo para admirar os campos em torno da casa e, ao longe, um pequeno vale recôndito. E aproveita essa vista sempre que pode, sobretudo à noite, antes de se deitar, à luz do crepúsculo, quando a paisagem está mergulhada em uma misteriosa bruma.

Como se preocupa com o futuro dos filhos, Vitalie Rimbaud os matricula no Institut Rossât em outubro de 1861. Com mais de trezentos alunos, essa escola, fundada alguns anos antes por um universitário com ideias modernas originário de Estrasburgo, é a melhor instituição particular da cidade. E o fato de ser frequentada pelas crianças das famílias mais abastadas também a enche de orgulho. Sua fachada, na Rue de l'Arquebuse, não longe do Palácio de Justiça, se parece com a de outras casas burguesas do bairro. Exceto por uma pequena diferença: é ornada por uma grande porta pintada de verde.

Embora muitas vezes mal-humorado e ainda que não se identifique muito com seus colegas de classe, Arthur não se sente infeliz no Institut Rossât e revela-se um dos melhores alunos. Em seu primeiro ano nessa escola, a segunda série, ele obtém três prêmios e três menções; na terceira série, ele conquista cinco prêmios e sete menções, além do prêmio de honra das salas mais jovens; na quarta série, em agosto de 1864, ele recebe mais quatro prêmios, sendo um deles em recitação clássica e leitura, o que prova que é menos reservado e menos tímido do que aparenta.

---

* Os dois municípios foram unificados em 1966.

Todas essas distinções materializam-se em livros, presentes que lhe são dados durante as cerimônias anuais de entrega dos prêmios e que ele lê com avidez: *Les Beautés du spectacle de la nature*, do abade Pluche; *L'Habitation du désert ou aventures d'une famille perdue dans les solitudes de l'Amérique*, do capitão Mayne Reid, romancista irlando-americano, com gravuras de Gustave Doré; *Les Robinsons français ou la Nouvelle-Calédonie*, de Joseph Morlent; *Le Robinson de la jeunesse*, de Mme. Fallet, ou ainda *Histoire descriptive et pittoresque de Saint-Domingue*, do prolífico M. de Mariès, cujas obras são bastante apreciadas pelos estudantes...

Essas leituras instigam sua imaginação e o fazem sonhar. Elas o incitam a escrever pequenos relatos de aventura, a anotar em seus cadernos de rascunho tudo o que lhe passa pela cabeça. Ele traça assim um rápido retrato de seus progenitores. O pai era um "oficial dos exércitos do rei" e, segundo sua lembrança, era "grande" e "magro" e aparentava ser mais velho. Tinha uma "personalidade forte, inflamada, frequentemente colérica, e não suportava nada que o desagradasse". Prometia-lhe às vezes alguns trocados, brinquedos ou doces, caso fizesse corretamente todos os seus deveres. Sua mãe era uma "mulher doce, calma, [que] temia poucas coisas, embora mantivesse a casa em perfeita ordem"...[1]* Ele também delineia algumas considerações sobre o latim e o grego, perguntando-se qual seria o propósito de a escola ensinar essas duas línguas mortas.

> Por que – me pergunto – aprender grego, latim? Não sei. Afinal, ninguém precisa disso! Que me importa passar nos exames, de que me serviriam? Nada, não é mesmo? E no entanto dizem que só conseguimos trabalho se passamos nos exames. Mas eu não quero trabalhar, quero viver de renda. E, mesmo se quisesse, para que aprenderia latim? Ninguém fala essa língua. Às vezes vejo alguma citação latina nos jornais; mas, se Deus quiser, não serei jornalista.
> Para que aprender história e geografia? É verdade que precisamos saber que Paris fica na França, mas ninguém vai perguntar

---

* As notas numeradas estão reunidas no final do livro, na página 207.

em que grau de latitude. Quanto à história, aprender sobre a vida de Chinaldon, Nabopalassar, Dario, Ciro e Alexandre – e seus outros companheiros notáveis por seus nomes diabólicos – é um suplício!
Que me importa se Alexandre foi famoso? Que me importa... E quem sabe se os latinos realmente existiram? Talvez seja uma língua forjada; e, mesmo que tenham existido, que me deixem viver de renda e fiquem com seu latim! Que mal lhes fiz para que me inflijam tal suplício?
Passemos ao grego... Essa maldita língua não é falada por ninguém, ninguém no mundo!... Ah! Tesconjuro tarrenego! Oxalá, viverei de renda. Não me serve de nada ficar gastando as calças nos bancos da escola... Tesconjurorrenego!
Para ser limpa-botas, arrumar um trabalho de limpa-botas, é preciso passar em um exame, pois os trabalhos que nos são destinados são esses: limpa-botas, porqueiro, boiadeiro. Deus me livre, não quero isso para mim, tesconjuro!
E como recompensa ainda nos dão tabefes, nos chamam de animal, o que não é verdade, de zero à esquerda etc.
Ah! Tarrenegoconjuro! Continua em breve.

ARTHUR[2]

Ao longo das páginas de seus cadernos, ele também esboça toda uma série de desenhos à tinta aos quais acrescenta comentários cômicos e legendas melodramáticas. Por exemplo, um garoto puxando um carrinho com uma garotinha dentro, duas meninas ajoelhadas em um genuflexório, como se assistissem a algum ofício religioso, um barquinho no qual se encontram dois rapazotes com os braços erguidos gritando "Socorro! Vamos afundar!"... Ou ainda uma cena que batiza de *Le Siège* [O cerco] e que representa um homem, uma mulher e dois meninos lançando projéteis sobre pessoas na rua, enquanto um homem de cartola ergue os braços e brada: "Vamos ter de reclamar disso". Em outro desenho, intitulado *La Balançoire* [O balanço], vê-se uma garotinha em desequilíbrio numa cadeira presa à maçaneta de uma porta. "Ah! estou caindo", ela exclama enquanto o irmão diz: "Segure com uma mão".

Entretanto, a sra. Rimbaud não está contente com o Institut Rossât. Ela pensa que o diretor é demasiado progressista, demasiado predisposto a acolher em seu estabelecimento correntes de pensamento novas (e portanto perigosas), demasiado inclinado a acrescentar matérias novas ao programa. E também um tanto permissivo demais. A prova são os textos redigidos por Arthur, nos quais ele fala em não exercer nenhuma profissão e viver apenas de rendas. E ela considera que o espaço dedicado à instrução religiosa no currículo da escola é insuficiente. Assim, em 1865, toma a decisão de tirar os dois filhos do instituto e matriculá-los na escola pública. E, para não deixar escapar a possibilidade de ascensão social à qual aspira, ela deixa sua casa da Rue Bourbon para se instalar com a família na Rue Forest.

Arthur tem então dez anos e meio.

Place du Sépulcre

A escola de Charleville na qual Vitalie Rimbaud matricula os filhos na Páscoa de 1865 em nada se parece com o Institut Rossât. Ela recebe não apenas alunos comuns, crianças da pequena burguesia local, mas também seminaristas (como externos), pois o seminário é contiguo aos velhos edifícios da escola, na esquina do Quai du Sépulcre com a Place du Sépulcre, a dois passos da biblioteca municipal. Ali priorizam-se as matérias clássicas: francês, latim, grego, história e religião. Quanto às ciências, embora não sejam negligenciadas, constituem apenas matérias secundárias.

A sra. Rimbaud fica satisfeita. No início, ela mesma conduz Frédéric e Arthur à escola todas as manhãs e vai buscá-los na saída, em companhia de Vitalie e de Isabelle, que andam bem-comportadas de mãos dadas. Assim que chegam em casa, ela lhes prepara um lanche simples. Então, sem perder um minuto, garante que façam corretamente seus deveres e estudem os textos. Em seguida, à maneira de uma professora intransigente e escrupulosa, com o olhar severo, o busto ereto, ela os interroga e não hesita em castigá-los quando acredita que não estão recitando bem suas lições ou que não as aprenderam direito, o que pode significar privá-los de um jantar quente à noite, ou até mesmo limitar a refeição a pão dormido.

Além disso, ela se certifica de que Frédéric e Arthur não andem em más companhias e não sejam submetidos, pelo contato com seus colegas de classe, a influências nefastas. O fato de que o mais jovem de seus filhos seja atraído pelos livros a tranquiliza um pouco, mas isso não é razão para que se ponha a ler tudo e qualquer coisa! Por exemplo, essas *Confissões de um filho do século*, de Alfred de Musset, uma obra das mais lúgubres, que ela viu um dia nas mãos de Arthur e que seguramente foi um de seus colegas, algum moleque travesso, quem lhe emprestou. Ou essa *Dama das camélias*, de Alexandre Dumas Filho, da qual uma edição barata acabava de aparecer nas livrarias.

E o que dizer do terrivelmente inoportuno Victor Hugo e de seus imundos *Miseráveis*? Como é possível que um romance tão longo e tão pouco religioso seja tão comentado e tenha feito tanto sucesso? Se viesse a saber que professores do colégio aconselham a leitura de Musset, Dumas Filho ou Hugo a seus alunos indefesos, ela iria de imediato reclamar com a direção!

Na verdade, a sra. Rimbaud não está descontente com os resultados obtidos por Arthur. Como se adaptou à nova escola sem sobressaltos, já na sexta série o menino obtém um primeiro prêmio (recitação clássica) e duas distinções (religião e língua francesa); na sétima série, dois primeiros prêmios (religião e recitação clássica), dois segundos prêmios (versificação latina e história e geografia) e uma distinção (alemão). Depois, na oitava série, de novo dois primeiros prêmios (religião e recitação clássica mais uma vez), além de diversas distinções. Nesse belo histórico de premiações, o que mais anima a sra. Rimbaud é que Arthur brilha em seus exames de instrução religiosa e que suas excelentes notas na matéria permitem vislumbrar que ele poderia entrar no seminário sem nenhuma dificuldade.

Em compensação, Frédéric parece ser um mau aluno. Por outro lado, ele tem uma disposição mais agradável e um caráter muito mais sociável do que o irmão. Aliás, eles não se parecem em nada. O mais velho é robusto e tem uma atitude descontraída e alegre, ainda que por causa de seus maus resultados no colégio esteja sempre recebendo broncas, castigos e sendo punido pela mãe. É o oposto de Arthur, invariavelmente fechado e taciturno. Isso não os impede de se ajudarem um ao outro e, vítimas dos mesmos tormentos sob o teto familiar, de serem bastante cúmplices.

Certa vez, como Frédéric quebrou sem querer seu guarda-chuva e ficou com medo, com toda razão, da ira da mãe, Arthur solidarizou-se com ele quebrando também o seu! Como punição, a sra. Rimbaud não encontrou nada melhor do que obrigar os garotos a saírem na rua com seus guarda-chuvas em pedaços...

Como desde o início do ano escolar de 1868 a mãe não mais os acompanha da Rue Forest até a Place du Sépulcre, Arthur e Frédéric costumam fazer juntos o caminho das crianças, seguindo por um braço do rio Meuse até perto da escola. Eles gostam de demorar na trilha e brincar de se esconder no barco de algum pescador, depois se sacodem com força como se estivessem em um oceano furioso – tomando cuidado, porém, para não molhar as roupas limpas (colarinho branco, jaqueta preta, calças de lã azul-escuras), não perder o chapéu ou sujar as botas. E, na maioria das vezes, encontram ali um amigo comum, Ernest Delahaye.

Dois meses mais velho que Frédéric, Ernest mora em Mézières, no bairro de Saint-Julien, próximo do cemitério da cidade e de um lugar conhecido como Bosque do Amor, ao longo de uma das voltas do rio Meuse. É filho de um modesto funcionário público normando, fiscal da receita, e de uma camponesa de origem borgonhesa. Ele tem três irmãs e no colégio, que fica a dois quilômetros a pé de sua casa e onde ingressou em 1866, é um bom aluno.

É sobretudo Arthur que se entende bem com Ernest. Gosta de conversar com o amigo, de revelar seus pensamentos íntimos, suas vontades, seus desejos, suas raivas e, principalmente, de contar como a atmosfera de sua casa é opressiva, como nunca acontece nada por lá, como se sente sufocado sob a autoridade materna. Agrada-lhe também fazer aventuras em sua companhia, sem que ninguém saiba, como um herói valente de Mayne Reid, e explorar as margens do rio, perto do planalto de Bertaucourt. Ou então subir até o mirante, o monte Olympe, que chega a mais de duzentos metros de altitude e onde em outros tempos erguia-se uma fortaleza destruída sob as ordens de Luís XIV, da qual hoje só restam algumas ruínas da muralha.

Mais do que tudo, gosta de comentar suas leituras com Delahaye, em particular as de poesia, um campo totalmente impenetrável a Frédéric e sobretudo suspeito aos olhos da sra.

Rimbaud, para quem apenas a Bíblia conta. Ele cita Victor Hugo, Théophile Gautier, Charles Baudelaire, Théodore de Banville... Já redigiu alguns versos que mostra a seu amigo. Em um de seus poemas, evoca um circo, domadores, amazonas, pierrôs, palhaços, toda uma fauna enjaulada, toda uma música trepidante, uma miscelânea de ruídos, de cores e de fantasmagorias das quais se proclama o mestre...

Em outubro de 1868, Arthur começa o primeiro ano colegial. Ele está entre os alunos mais talentosos do liceu e surpreende a maioria de seus professores, a começar pelo novo titular de retórica, o jovem Paul Duprez, um ardenense que obteve sua graduação em letras na faculdade de Douai. O professor é a gentileza em pessoa e um grande entusiasta da poesia francesa, assim como da latina. Paul Duprez logo percebe que Arthur tem algo a mais que seus colegas, inclusive os seminaristas, com os quais, aliás, ele não se relaciona e a quem considera com desdém. Ele adivinha que o rapaz é orgulhoso, mas que seu orgulho – esse orgulho decidido e quase exagerado que puxou da mãe e de seus antepassados ardenenses – não constitui nele um defeito. Mas não se deixa enganar: sabe muito bem que o garoto se aproveita de seus incomparáveis talentos para fazer as redações de alguns outros colegas de sua classe. Não sem cobrar algo em troca.

No exame final, o pequeno prodígio deixa estupefato até mesmo Paul Duprez ao entregar, após três horas e meia de trabalho, em resposta ao exercício de versificação latina sobre as *Odes* de Horácio, um texto impecável de oitenta versos, todos perfeitos, que cantam a liberdade, a natureza e os poderes infinitos da imaginação. Orgulhoso de seu aluno, o professor envia sem hesitar o poema à Academia de Douai, que o publica, em 15 de janeiro de 1869, em seu boletim oficial, o *Moniteur de l'enseignement secondaire, spécial et classique*.

É claro que Arthur também fica orgulhoso – muito orgulhoso. E ainda mais quando um outro trabalho seu (de 55 versos desta vez), intitulado "O anjo e a criança" e inspirado em um obscuro poema de Jean Reboul, escritor originário de Nîmes, é inserido no mesmo boletim, em 1º de junho. E mais uma vez em agosto, quando garante o primeiro lugar em oito prêmios escolares: religião, narração latina, versão latina, versificação latina, versão grega, história e geografia, recitação e o prêmio de melhor aluno no conjunto de todas as matérias. Apenas um senão: a matemática. Uma *terra incognita* mais misteriosa, mais inacessível para ele do que a ilha perdida de Robinson Crusoé.

Sim, Rimbaud sente-se diferente. Não necessariamente superior aos outros, mas destinado a se tornar um poeta, um poeta autêntico, que poderia rivalizar, cedo ou tarde, com todos esses autores que figuram a cada mês no *Le Parnasse contemporain*, a revista dos "versos novos". Trata-se de fascículos de dezesseis páginas publicados desde 1866 pelo editor Alphonse Lemerre, em Paris, e dos quais ele comprou alguns números (com o dinheiro ganho fazendo a redação de seus colegas) na livraria Prosper Letellier, no pavimento térreo de sua casa, na Rue Napoléon, número 12. Nessa mesma livraria, ele também descobriu diversos jornais satíricos e, graças a eles, caricaturistas como Honoré Daumier, André Gill e Albert Humbert.

A altivez que costuma exibir não é, entretanto, do agrado de todos os seus professores. Alguns acreditam que, por mais talentoso que seja em latim e em poesia francesa, o rapaz se dará mal na vida. Outros o julgam arrogante, distante, dissimulado, inclinado a enganar pessoas à sua volta. Não sabem justamente que, em março de 1869, para fazer um de seus deveres de versão latina, um trecho do *De natura rerum* de Lucrécio, ele apenas copiou, com algumas diferenças mínimas, uma tradução feita por Sully Prudhomme, que acabara de ser publicada por Alphonse Lemerre algumas semanas antes. Alguns professores o tomam inclusive por um rapaz lúbrico e ímpio quando leem seu poema "Invocação a Vênus":

> Mãe dos filhos de Enéas, ó delícia dos Deuses,
> Delícia dos mortais, sob os astros dos céus,
> Vênus, tudo povoas: a onda onde o navio vira,
> O solo fecundo: por ti todo ser que respira

Germina, ergue-se e vê o sol brilhante!
Tu apareces... À vista de tua face radiante
Desaparecem os ventos e as nuvens escuras:
O Oceano te sorri; fértil em suas belas feituras,
Sob teus pés, a Terra estende os buquês meigos;
O dia brilha mais puro sob os céus azulegos!
Logo que Abril ressurge e que, cheio de verdura,
Disposto a levar a todos uma doce ternura,
O sopro do zéfiro escapa de sua prisão,
O Povo aéreo anuncia tua razão:
A teu poder, ó Deusa, ave encantada submete-se;
O rebanho selvagem salta pelo capim espesso.
E arrebenta a onda a nado, e todo ser vivo,
Preso à tua graça, queima ao perseguir-te!
És tu que, pelos mares, rios, montanhas,
Bosques povoados de ninhos e verdes campos,
Despeja nos corações o amor caro e poderoso,
E os conduz através dos tempos a propagar seu sangue!
Vênus, o mundo só conhece o teu império!
Sem ti nada poderia erguer-se à luz do dia:
Ninguém inspira sem ti nem sente o amor!
A teu divino auxílio em minha obra eu aspiro!...*[1]

Esses mesmos professores ficam extremamente surpresos ao descobrir que *La Revue pour tous*, um semanário dominical parisiense muito popular, publicou, em sua edição

---

* Mère des fils d'Énée, ô délices des Dieux,/Délices des mortels, sous les astres des cieux,/Vénus, tu peuples tout: l'onde où court le navire,/Le sol fécond: par toi tout être qui respire/Germe, se dresse, et voit le soleil lumineux!/Tu parais... À l'aspect de ton front radieux/Disparaissent les vents et les sombres nuages:/L'Océan te sourit; fertile en beaux ouvrages,/La Terre étend les fleurs suaves sous tes pieds;/Le jour brille plus pur sous les cieux azurés!/Dès qu'Avril reparaît, et, qu'enflé de jeunesse,/Prêt à porter à tous une douce tendresse,/Le souffle du zéphir a forcé sa prison,/Le Peuple aérien annonce ta raison:/L'oiseau charmé subit ton pouvoir, ô Déesse;/Le sauvage troupeau bondit dans l'herbe épaisse,/Et fend l'onde à la nage, et tout être vivant,/À ta grâce enchaîné, brûle en te poursuivant!/C'est toi qui, par les mers, les torrents, les montagnes,/Les bois peuplés de nids et les vertes campagnes,/Versant au coeur de tous l'amour cher et puissant,/Les portes d'âge en âge à propager leur sang!/Le monde ne connaît, Vénus, que ton empire!/Rien ne pourrait sans toi se lever vers le jour:/Nul n'inspire sans toi, ni ne ressent d'amour!/À ton divin concours dans mon oeuvre j'aspire!... (N.E.)

de 2 de janeiro de 1870, um outro poema de Rimbaud, "A consoada dos órfãos", um poema lacrimoso de 104 versos e o primeiro de seus textos publicados em francês. No entanto, ignoram que o aluno foi buscar sua inspiração não mais em Sully Prudhomme, e sim em François Coppée. Além disso, em certos pontos, não hesitou em pegar emprestados os mesmos termos, expressões e fraseados utilizados pelo mestre do Parnaso em sua antologia *Poèmes modernes* e em sua peça de teatro *Le Passant*, editadas seis meses antes pelo mesmo Alphonse Lemerre...

Rimbaud está acompanhando a classe de retórica desde o início do outono quando, em meados de janeiro de 1870, a direção do colégio nomeia um novo professor. Chama-se Georges Izambard. Nascido em Paris em dezembro de 1848, foi criado por uma família amiga, em Douai, depois que a mãe faleceu fulminada pelo cólera alguns meses após o seu nascimento. É o caçula de uma família de quatro filhos cujo pai é caixeiro-viajante. Licenciado em letras aos dezenove anos, ele começou sua carreira como professor em Hazebrouck, no departamento do Nord. É de uma natureza tímida, sem dúvida em razão das duas deficiências de que sofre – miopia e surdez parcial –, mas não a ponto de mostrar-se inibido em sua tarefa de ensinar. Quase de imediato, tecem-se ligações profundas e obscuras entre ele e Arthur. De início, apenas uma espécie de entendimento mútuo tácito, mas ao longo das semanas vai se tornando uma verdadeira cumplicidade.

Assim como Paul Duprez, Georges Izambard logo percebe que esse mestre em retórica, esse "Pequeno Polegar sonhador, frágil e tímido", destaca-se de fato dos demais, que tem algo de singular, até mesmo de excepcional, que encarna "ao mais alto grau o tipo do aluno feito para passar em exames".

De seu lado, parecendo impulsionado por esse homem, Rimbaud multiplica seu zelo e esforça-se para ser um aluno ainda melhor, para entregar-lhe deveres ainda mais impecáveis. E agora só tem um desejo: tornar-se seu amigo.

Tirania doméstica

O certo é que, ao se aproximar de Georges Izambard, ao prestar atenção em suas opiniões e em suas recomendações, Rimbaud pouco a pouco começa a se transformar e a se abrir mais para o mundo. Tanto em casa, com sua família, quanto na escola, com alguns poucos colegas de classe, ele se mostra menos acabrunhado, menos ensimesmado e cheio de segredos. Agora não tem mais receio de dizer a quem quiser ouvir, e em particular à sua inflexível mãe, que apenas a poesia importa.

Mas que autores deveria ler preferencialmente de modo a conseguir penetrar a fundo nessa arte tão misteriosa, nesse mundo ao mesmo tempo tão magnífico, rico, deslumbrante, vasto e repleto de verdades cruciais?

François Villon, Pierre Ronsard, André Chénier, Victor Hugo, Alfred de Musset, Théophile Gautier, Aloysius Bertrand, Charles Baudelaire, Théodore de Banville, Albert Glatigny – a lista de nomes prestigiosos provoca vertigem... E existem ainda todos os novos autores que descobriu nos números do *Le Parnasse contemporain* e cujos versos o encantaram, como Leconte de Lisle, François Coppée, Emmanuel des Essarts, Ernest d'Hervilly, Jean Aicard e Léon Dierx, sem dúvida o mais melancólico, o mais elegíaco de todos...

Izambard não toma partido. Cuida única e simplesmente para que seu protegido farte-se de leitura, poesia ou prosa, rapsódias ou romances, até mesmo das obras que lhe parecem mais insignificantes. Tem certeza de que não há melhor escola para quem quer aprender a escrever do que se familiarizar com o imenso universo das letras. E tudo o que Rimbaud quer é seguir seus conselhos e devorar tantos livros quanto puder.

Essa mudança significativa na atitude do filho não passa despercebida à sra. Rimbaud. Longe de ficar feliz, porém, ela fica preocupada e logo descobre, após uma pequena investigação, que Arthur está desencaminhando-se a ler às escondidas obras contrárias à moral, de escritores proibidos pelo índex. No início de maio de 1870, ela escreve a Izambard:

> Senhor,
> Agradeço-lhe profundamente tudo o que tem feito por Arthur. O senhor lhe oferece conselhos, incentiva-o a fazer os deveres de casa, tantos cuidados que não merecemos.
> Mas há uma coisa que eu não posso aprovar, por exemplo a leitura de livros como aquele que o senhor lhe deu há alguns dias (*Os miseráveis*, V. Hugot [sic]). O senhor deveria saber melhor do que eu, professor, que é preciso muito cuidado na escolha dos livros que se pode colocar nas mãos das crianças. Assim, prefiro acreditar que Arthur conseguiu esse exemplar sem que o senhor tivesse ciência, pois seria certamente perigoso permitir-lhe tais leituras.
> Tenho a honra, senhor, de apresentar-lhe meus respeitos.
>
> V. RIMBAUD[1]

Ao mesmo tempo, ela procura o diretor do colégio e, furiosa, ataca Izambard. Seus superiores exigem então que o professor vá se explicar a ela o mais rápido possível. No entanto, por mais que invoque sua honestidade e boa-fé, que diga que foi *O corcunda de Notre-Dame* e não *Os miseráveis* que emprestou ao jovem Arthur, a fim de que o rapaz criasse "bagagem de cor local"[2] para um dever de francês, a sra. Rimbaud continua seus ataques, afirma que ele é um homem ímpio e que está transformando seu pobre e inocente filho em um cúmplice de suas odiosas apostasias.

O incidente tem uma consequência pela qual a sra. Rimbaud certamente não esperava: estreita ainda mais os laços entre Arthur e Izambard, que se conscientizou de que seu aluno favorito era vítima de "tirania doméstica".[3] De seu lado, Rimbaud não hesita mais em lhe mostrar os textos que compõe e em pedir sua opinião, uma opinião sincera e detalhada, sobre cada um deles: "Sensação", "*Credo in unam...*" (mais de 160 alexandrinos), "Ofélia", "Baile dos enforcados", "O castigo de Tartufo"... E até mesmo "A consoada dos órfãos", o poema publicado em *La Revue pour tous* e do qual ele tanto se orgulha. Afinal, o semanário não abria suas páginas para escritores tão famosos quanto André Chénier, Victor Hugo, Marceline Desbordes-Valmore e Alfred de Musset?

Ou ainda "À música", um poema de nove estrofes no qual Arthur teve um prazer especial em ridicularizar, com uma feliz mistura de precisão, sagacidade, malícia e sensualidade, os bons burgueses "ofeguentos" de Charleville, "sufocados pelo calor", os "rentistas de lornhão", as "damas gordas", os "merceeiros aposentados" futricando a areia com a bengala, os "soldadecos" apaixonados pelo "canto do trombone" e fazendo gracinha com os bebês "para seduzir as amas...", todos reunidos, nas tardes de quinta-feira, na Place de la Gare, em torno do coreto e de seus "canteiros mesquinhos".

Nas três últimas estrofes de "À música", ele se coloca em cena:

> – Desajeitado como um garoto, eu sigo
> Sob as castanheiras as moças espertas:
> Elas percebem e, rindo, voltam para mim
> Seus olhos repletos de coisas indiscretas.
>
> Não digo nada: e continuo a estudar
> Seus colos brancos rendados de mechas loucas:
> E sigo, sob o corpete e os frágeis adornos,
> O dorso divino sob a curva dos ombros.
>
> Logo descubro as botas, as meias...
> – Ardendo de doce febre, reconstruo seus corpos
> Elas me acham engraçado e cochicham...
> – E sinto os beijos que me vêm aos lábios.*[4]

Todos esse poemas revelam mais ou menos a influência de François Villon, Victor Hugo e Théodore de Banville, mas num tom tão pessoal que afasta qualquer imitação. Izambard fica fascinado. E não pode se furtar a dirigir sinceros cumprimentos a seu aluno.

---

* – Moi, je suis, débraillé comme un étudiant,/Sous les marronniers verts les alertes fillettes:/Elles le savent bien; et tournent en riant,/Vers moi, leurs yeux pleins de choses indiscrètes.//Je ne dit pas un mot: je regarde toujours/La chair de leurs cous blancs brodés de mèches folles:/Je suis, sous le corsage et les frêles atours,/Le dos divin après la courbe des épaules.//J'ai bientôt déniché la bottine, le bas.../– Je reconstruis les corps, brûlé de belles fièvres./Elles me trouvent drôle et se parlent tout bas.../– Et je sens les baisers qui me viennent aux lèvres... (N.E.)

Assim encorajado, Rimbaud sonha em ser também publicado no *Le Parnasse contemporain*. Em 24 de maio, ousa enviar os poemas "Ofélia" e *"Credo in unam..."* a Banville, poeta maduro, trinta anos mais velho do que ele, anexados a uma carta aos cuidados do editor Alphonse Lemerre, na Passage Choiseul, em Paris:

> Caro Mestre,
> Estamos nos meses do amor; tenho quase dezessete anos.*
> A idade das esperanças e das quimeras, como se diz. E eis que me pus a cantar – eu, criança tocada pelo dedo da Musa (perdão, é tão banal) – minhas inocentes crenças, esperanças, sensações, todas essas coisas próprias aos poetas. Chamo a isso primavera.
> Se ouso enviar-lhe alguns desses versos – pelas mãos de Alph. Lemerre, o bom editor – é porque amo todos os poetas, todos os bons Parnasianos – pois o poeta é um Parnasiano – apaixonados pela beleza ideal; é porque o admiro – ingenuamente, eu sei – como um descendente de Ronsard, um irmão dos nossos mestres de 1830, um verdadeiro romântico, um verdadeiro poeta. Eis por quê. É tolo, não é? Mas enfim...
> Dentro de dois anos, talvez apenas um, estarei em Paris. – *Anch'io*, senhores da revista, serei Parnasiano! Não sei o que tenho em mim... que quer emergir... Juro, caro Mestre, que hei de sempre adorar as duas deusas, Musa e Liberdade.
> Não fique sério demais lendo meus versos: o senhor me deixaria louco de alegria e de esperança se pudesse, caro Mestre, dar um lugarzinho entre os parnasianos ao poema *"Credo in unam..."*.
> Eu poderia ficar no finalzinho do Parnaso: seria o Credo dos poetas!...
> – Ambição! Ó Loucura!
>
> ARTHUR RIMBAUD[5]

Ele acrescenta a seu bilhete e a seus dois poemas um *post-scriptum*:

> E se estes versos encontrarem um lugar no *Le Parnasse contemporain*?

---

* É mentira, ele tem na realidade apenas quinze anos e meio.

– Eles não revelam a fé dos poetas?
– Sei que não sou conhecido, mas o que importa? Todos os poetas são irmãos. Estes versos creem; eles amam; eles são carregados de esperança: e isso basta.
– Meu caro mestre: eleve-me um pouco. Sou jovem: estenda-me sua mão...[6]

Muito embora os dois poemas submetidos à apreciação de Banville não sejam selecionados pelo *Le Parnasse contemporain* e o "Mestre" não lhe responda, Rimbaud não se deixa desanimar e aproxima-se ainda mais de Izambard. Dispõe-se até mesmo a seguir o exemplo de seu professor de retórica quando, em um impulso patriótico, este decide alistar-se no exército de Napoleão III, após a declaração de guerra contra a Prússia, em 19 de julho.

Contudo, Izambard não é recrutado por causa de sua deficiência visual e auditiva. E, em vez de partir para o fronte, vai passar as férias em Douai, com sua família adotiva, os Gindre, que o criou desde os seis meses de idade. Deixa então à disposição de Rimbaud as chaves de seu pequeno apartamento nas Allées, uma das mais belas ruas burguesas de Charleville. Sua intenção é "permitir que o jovem se feche com [seus] livros – [...] livros honestos – cada vez [que] o coração o instigue".[7]

Quando o professor parte, Rimbaud sente-se repentinamente muito só, angustiado, perdido, como se estivesse abandonado à beira de um precipício. É verdade que ainda tem com quem falar, o amigo Ernest Delahaye, mas essas conversas não o satisfazem mais.

Paradoxalmente é ainda pior quando se encontra no espaço onde Izambard viveu nos últimos oito meses. Apesar de todos os livros que tem ao alcance das mãos e que ele enxerga como "tábuas de salvação", sente-se estranhamente infeliz nesse apartamento. Sem um critério definido de seleção, lê *Castal l'Indien*, do capitão Mayne Reid; *La Robe de Nessus*, um romance do prolífico e espirituoso Amédée Achard, publicado pela primeira vez em 1855 e reeditado em 1868;

Les Glaneuses, de Paul Demeny, um amigo de Izambard; *Les Épreuves*, a terceira antologia poética de Sully Prudhomme; *Dom Quixote*, de Miguel de Cervantes, traduzido por Louis Viardot e ilustrado por Gustave Doré... Ou ainda *Le Diable à Paris: Paris et les Parisiens à la plume et au crayon*, uma antologia reunindo contribuições de alguns dos melhores românticos franceses (Sand, Balzac, Musset, Nerval...) e contendo diversos desenhos (entre outros de Grandville e de Gavarni). Se Rimbaud aprecia as gravuras de Gustave Doré, ele considera as executadas por Grandville "idiotas"...

Quanto mais os dias e as noites passam, mais ele gostaria de fugir do mundo que o cerca – dessa cidade que detesta e das ruas nas quais peregrinam pessoas insuportáveis, "duzentos ou trezentos soldadecos", uma "população carola [que] gesticula de modo prudhommescamente valente, bem diferente dos sitiados de Metz e de Estrasburgo", um bando de "quitandeiros reformados que tiram seus uniformes mofados dos armários", os "notários, vidraceiros, preceptores, carpinteiros e todos os ventripotentes que, com fuzis no peito, fazem patrulhotismo às portas de Mézières", essa "pátria que se levanta", enquanto ele preferiria "vê-la sentada", partindo do "princípio" de que seus cidadãos não deveriam sequer mover as "botas".[8]

Todas essas inquietações Rimbaud escreve a Izambard em uma longa carta datada de 25 de agosto, à qual anexa "Ce qui retient Nina"*, um poema dividido em 28 quadras e composto alguns dias antes no estilo jocoso (falsa e maliciosamente jocoso) de Glatigny – o mesmo Glatigny da antologia *Les Flèches d'or*, publicada em 1864. E isso enquanto os habitantes de Charleville aguardam um ataque iminente e começam a correr rumores alarmantes sobre a presença de soldados prussianos em Boulzicourt, a menos de dez quilômetros da cidade. Seria uma espécie de exorcismo? Uma provocação?

---

* Ao ser publicado em livro, esse poema foi rebatizado de "Les Reparties de Nina" [As réplicas de Nina], enquanto *"Credo in unam..."* tornou-se "Soleil et chair" [Sol e carne].

Aos dezessete, és feliz!
Ó vastos prados!
Ó vastos campos amorosos!
– Vem, vem mais perto!...

– Teu peito sobre o meu, mistura
As duas vozes.
Lentos, chegamos à ravina,
E ao vasto bosque!...

E como se estivesses morta,
Desfalecida,
Pedirias pr'eu te levar,
De olhos fechados...

Levar-te-ia, palpitante,
Pelo sendeiro...
A ave cantaria um andante
Ao Castanheiro...

Eu falaria em tua boca;
Teu corpo iria
Serrando, tal criança adormecida,
Ébrio do sangue

Que azul corre sob tua pele
Cor-de-rosa;
E falaria livremente...
– Olha! ... – sabes...

Os bosques exalam a seiva...
E o astro sol
Semeia de ouro o grande sonho
Verde e vermelho.*[9]

---

* Dix-sept ans! Tu seras heureuse/Oh! les grands prés/La grande campagne amoureuse/Dis, viens plus près//– Ta poitrine sur ma poitrine,/Mêlant nos voix,/Lents, nous gagnerions la ravine,/Puis les grands bois!...//Puis, comme une petite morte,/Le coeur pâmé,/Tu me diras que je te porte,/L'oeil mi-fermé...//Je te porterais, palpitante,/Dans le sentier:/L'oiseau filerait son andante/Au Noisetier...//Je te parlerais dans ta bouche: /J'irais, pressant/Ton corps, comme une enfant qu'on couche,/Ivre du sang//Qui coule, bleu, sous ta peau blanche/Aux tons rosés:/Et te parlant la langue franche.../Tiens!... – que tu sais...//Nos grands bois sentiraient la sève,/Et le soleil/Sablerait d'or fin leur grand rêve/Vert et vermeil. (N.E.)

Nessa mesma carta de 25 de agosto, em cujo envelope inscreve a palavra "urgente", ele se afirma "desorientado, doente, furioso, estúpido, abalado", ainda mais porque, durante as férias, esperava "banhos de sol, passeios infinitos, repouso, viagens, aventuras, boemices"... Em vez disso, está reduzido ao "respeitável" *Courrier des Ardennes*, um jornal que "resume as aspirações, os anseios e as opiniões da população"[10] e cujo proprietário, gerente, diretor, editor e redator são uma só e única pessoa! No final, ele também fala com entusiasmo de duas antologias de poemas que teria encontrado por acaso: *Festas galantes*, de Paul Verlaine, num "belo" formato in-doze, que ele considera "um tanto estranha, muito engraçada", repleta de "licenças ousadas", e *La Bonne Chanson*, "um pequeno volume de versos do mesmo poeta" que acabava de ser lançado por Alphonse Lemerre – o que diz muito. Lamenta, porém, não ter lido ainda essa segunda obra pois, em suas palavras, "nada" chega a Charleville: Paris desdenha "esplendidamente" de sua cidade natal, uma cidade "superiormente idiota entre as cidadezinhas do interior".

Boemices

Quatro dias depois de ter enviado essa carta a Georges Izambard, Rimbaud aproveita-se do fato de que a mãe está muito ocupada com suas duas irmãs para sair furtivamente de casa – que há algumas semanas se localiza no Quai de la Madeleine, 5 bis, em frente ao edifício do Vieux-Moulin – rumo à estação de trem.

Esperto como é, não tem nenhuma dificuldade para se esquivar de todos os controles de passagem. Como a circulação no sentido da capital foi interrompida por conta da guerra, ele entra num trem com destino a Vireux, onde pega outro, da linha que atravessa a região de Entre-Sambre-et-Meuse, para Charleroi, na Bélgica. Por fim, na metrópole da hulha, salta, clandestinamente ainda, num terceiro trem que passa por Erquelines, Laon, Soissons e Villers-Cotterêts, indo até Paris.

Um impulso?

Não exatamente. É claro que ressente a terrível "tirania doméstica", a atmosfera opressora da velha cidade ardenense. Mas é sobretudo a extraordinária, a irresistível necessidade de evasão que fala mais alto – uma necessidade latente há muitos meses. Não havia justamente escrito a seu venerado professor que esperava fazer "boemices"?[1]

Além disso, ele acredita – e com bastante convicção – que em Paris estará na cidade de todos os deuses da poesia, de todos os escritores que o arrebatam. Por que não ir à Passage Choiseul, onde Alphonse Lemerre tem sua tipografia e edita o *Le Parnasse contemporain*? Por que não se apresentar à redação de algum jornal e oferecer seus serviços?

No vagão lotado de soldados vindos sobretudo de Sedan, é nisso que Rimbaud pensa: sua vida dali para frente, sua liberdade. E imagina-se ao lado de Théodore de Banville, com quem discutiria demoradamente, como faria com um velho amigo, sua última antologia poética, publicada por

Alphonse Lemerre, *Études lyriques, nouvelles odes funambulesques*. Ou então ao lado desse misterioso e estranho Paul Verlaine, cuja poesia tão etérea, tão pura, tão musical, é um encantamento...

Quando enfim o trem chega a Paris, ao cabo de uma viagem de mais de dez horas, as coisas acontecem de maneira bem diferente. Os funcionários da ferrovia constatam que Rimbaud não tem nem passagem nem dinheiro e que é, portanto, um fraudador. A menos que seja na realidade um desertor, pois, embora juvenil, sua fisionomia dá a impressão de que ele poderia ser mais velho do que aparenta. Nos tempos atuais, isso é muito frequente.

Conduzem-no de camburão, sem grandes burocracias, até a prisão de Mazas. Construída no número 23 do bulevar do mesmo nome, junto à ferrovia que desce para Lyon, essa casa de detenção, aberta em 1850, recebe indivíduos presos sob ordem judicial, e tanto condenados a penas de curta duração quanto os condenados que recebem o benefício de cumprir a pena em celas individuais. Ela totaliza 1.260 detentos, divididos em seis alas, cada qual com três andares.

Mal Rimbaud chega ali, começam a lhe fazer perguntas sem cessar. Quem é? Quantos anos tem? Foi recrutado em Sedan? Em que regimento? Como pretende fazer para pagar sua viagem clandestina, ou seja, treze francos?

Rimbaud é bastante vago em suas respostas. Em certos momentos, parece um animal encurralado. Em outros, mostra-se quase desdenhoso e arrogante. Uma atitude que não é absolutamente tolerada em Mazas, e que lhe vale ser jogado de imediato numa cela.

Ali, ele compõe um soneto patriótico, no mesmo espírito dos *Châtiments* de Victor Hugo, sem no entanto dar um título:

> Mortos de noventa e dois e de noventa e três,
> Que, abatidos pelo forte beijo da liberdade,
> Romperam, sob seus pés, o jugo que pesava
> Sobre o corpo e a alma de toda a humanidade;

> Homens fortes e enraivecidos na tormenta,
> Cujos corações palpitavam de amor sob os trapos,
> Ó Soldados que a Morte semeou, nobre Amante,
> em todos os velhos sulcos, a fim de regenerá-los;
>
> Seu sangue lavou todas as grandezas maculadas,
> Mortos de Valmy, Mortos de Fleurus, Mortos da Itália,
> Ó milhões de Cristos de olhos doces e sombrios;
>
> Nós os deixamos dormir com a República,
> Nós, curvados sob os reis como sob uma clava:
> – Os Senhores de Cassagnac falarão de vocês!*[2]

Após conter sua cólera por vários dias, em 5 de setembro ele decide escrever uma carta para a única pessoa em quem tem absoluta confiança: Georges Izambard. Ele suplica ao professor para intervir em seu favor, pede que vá atrás do procurador responsável, que pague sua dívida, que vá buscá-lo em Mazas e que escreva à sua "pobre" mãe a fim de consolá-la, já que ela está sem notícias suas há cinco dias e deve estar morta de preocupação. Ele conclui seu apelo dizendo que o ama "como a um irmão" e que o amará "como a um pai".[3]

Tocado, Izambard apressa-se a enviar a Rimbaud o dinheiro e as recomendações necessárias. Dois dias depois, vai buscá-lo na estação de Douai, acompanhado de seu amigo Paul Demeny, o jovem poeta (de 26 anos) de *Les Glaneuses* e autor de uma comédia de um ato, *La Flèche de Diane*, ambas as obras editadas pela Librairie Artistique, na Rue Bonaparte, em Paris, cujo editor é um amigo da família.

Eles se cumprimentam e evitam os assuntos delicados. Embora esteja um tanto envergonhado, Rimbaud fica feliz de

---

* Morts de Quatre-vingt-douze et de Quatre-vingt-treize,/Qui, pâles du baiser fort de la liberté,/Calmes, sous vos sabots, brisiez le joug qui pèse/ Sur l'âme et sur le front de toute humanité;//Hommes extasiés et grands dans la tourmente,/Vous dont les coeurs sautaient d'amour sous les haillons,/Ô Soldats que la Mort a semés, noble Amante,/Pour les régénérer, dans tous les vieux sillons;//Vous dont le sang lavait toute grandeur salie,/Morts de Valmy, Morts de Fleurus, Morts d'Italie,/Ô million de Christs aux yeux sombres et doux;//Nous vous laissions dormir avec la République,/Nous, courbés sous les rois comme sous une trique:/– Messieurs de Cassagnac nous reparlent de vous! (N.E.)

encontrar seu professor de retórica. Feliz de visitar sua casa, um agradável sobrado na Rue de l'Abbaye-des-Prés, de ser seu hóspede e também de conhecer Paul Demeny, um homem que já teve o prazer de ser publicado e que goza em Douai (onde nasceu) de uma reputação invejável.

Em Paris, confessa aos dois, não teve a chance de ver nada – a não ser algumas imagens esparsas e fugidias por entre as grades do carro que o levou à prisão e da janela estreita de sua cela. E nem mesmo pôde celebrar o advento da Terceira República em 4 de setembro! Mas ao menos teve a oportunidade, acrescenta, de compor um ou dois textos, em pedacinhos de papel que tira ali mesmo do bolso. E não esconde que as duas primeiras das oito quadras do poema que intitulou "Romance" assemelham-se a uma confissão:

> Ninguém é sério aos dezessete anos.
> – Um belo dia, chega de cerveja e de limonada,
> De cafés barulhentos com lustres reluzentes!
> – E vai-se sob as verdes tílias da estrada.
>
> As tílias têm um aroma tão bom nas tardes de junho!
> O ar é às vezes tão doce que fechamos os olhos;
> O vento, trazendo ruídos da cidade pouco distante,
> Exala perfumes de vinha e perfumes de cerveja...*[4]

Nos dias seguintes, Rimbaud, Izambard e Demeny conversam tranquilamente sobre poesia, como se nada estivesse acontecendo, como se, desde o dia 2 de setembro, após ter capitulado em Sedan, o exército francês não tivesse sido derrotado e como se Paris não estivesse ocupada pelos prussianos. Rimbaud fica fechado por longas horas no quarto colocado à sua disposição e passa a maior parte do tempo lendo (os *Ensaios* de Montaigne em particular), escrevendo ou passando a limpo cada um de seus poemas.

---

* On n'est pas sérieux, quand on a dix-sept ans./ – Un beau soir, foin des bocks et de la limonade,/Des cafés tapageurs aux lustres éclatants!/– On va sous les tilleuls verts de la promenade.//Les tilleuls sentent bon dans les bons soirs de juin!/L'air est parfois si doux, qu'on ferme la paupière;/Le vent chargé de bruits – la ville n'est pas loin –/A des parfums de vigne et des parfums de bière.... (N.E.)

Até o dia em que Izambard se lembra de que Rimbaud só tem dezesseis anos e continua, a despeito da guerra franco-prussiana, sob a custódia legal de sua mãe.

Após trocar algumas cartas delicadas com ela, no fim do mês Izambard decide-se a levar pessoalmente seu protegido de volta a Charleville, passando pela Bélgica.

Na plataforma da estação, a sra. Rimbaud aguarda sozinha. Ela tem marcas escuras sob os olhos, está pálida. Quando vê o filho descer do trem, tem de fazer um esforço enorme para não deixar transparecer suas emoções. Seus olhos fuzilam Izambard, ela o acusa mais uma vez de ter desencaminhado seu infeliz menino e de ter colocado ideias de fuga em sua cabeça. Em seguida, "extremamente azeda"[5], volta-se para Arthur e, sem a menor hesitação, dá-lhe uma bofetada no rosto. Então promete outras bofetadas e um regime implacável caso a vontade estúpida de recomeçar porventura lhe venha à mente...

E é justamente o que faz Rimbaud menos de dez dias mais tarde – como se lançasse um cruel desafio à mãe!

Mas dessa vez ele toma a precaução de vender alguns de seus livros na livraria de Prosper Letellier antes de fugir, de modo a ter como pagar uma passagem de trem. Compra então um bilhete para Fumay, uma cidade na fronteira belga, ao norte de Charleville, onde vai visitar um antigo colega de colégio, também aprendiz de poeta, Léon Billuart, que o convida a se restabelecer e lhe oferece pouso.

No dia seguinte, munido de algumas provisões, ele continua sua aventura a pé pelas estradas vicinais e caminhos acidentados das Ardenas até chegar a Vireux. Alcança em seguida Aubrives e à noite está em Givet, onde se dirige imediatamente para a caserna do Grand Quartier, dominada pela imponente cidadela de Charlemont, já que o amigo Billuart sugeriu que um de seus primos, sargento da reserva, talvez lhe arranjasse um lugar para dormir. Apesar de o homem estar ausente, Rimbaud tem permissão para passar a noite na caserna. Então, no dia seguinte, atravessa a fronteira belga e segue de trem em direção a Charleroi.

No vagão que o conduz, ele escreve um poema agradável que intitula "A ver-nos no inverno":

> No inverno, partiremos num trenzinho cor-de-rosa
>   Com azuis almofadas.
> Ficaremos bem. Um ninho de loucos beijos repousa
>   Nas poltronas delicadas.
>
> Fecharás os olhos pra não ver, pela vidraça,
>   As sombras da noite fazendo caretas,
> Essas ferozes monstruosidades, populaça
>   De lobos negros e de negros capetas.
>
> E então sentirás que a face arranha...
> Um doce beijo, como uma aranha,
> Correrá pela nuca...
>
> E me dirás: "Procura!", inclinando a cabeça;
> – E levaremos tempo para encontrar a besta
> Que corre louca...*[6]

Ele não está indo para Charleroi por algum capricho. Vai porque sabe que o pai de um outro colega, Jules des Essarts, é dono do *Le Journal de Charleroi*, o jornal mais importante da cidade. Seu sonho é ser um colaborador. Melhor ainda: ser contratado como jornalista.

Embora muito espantado de ver aparecer Rimbaud, Jules des Essarts o apresenta a seu pai, Xavier des Essarts, um francês emigrado na Bélgica desde 1827, homem bastante cheio de si que alimenta ideias passadistas, mas "de bom coração".[7]

Em um jantar que os reúne, Rimbaud conversa agradavelmente sobre literatura até que, quase sem transição, lança-se de repente num discurso veemente e injurioso no qual trata todos os

---

* L'hiver, nous irons dans un petit wagon rose/Avec des coussins bleus./Nous serons bien. Un nid de baisers fous repose/Dans chaque coin moelleux.//Tu fermeras l'oeil, pour ne point voir, par la glace,/Grimacer les ombres des soirs,/Ces monstruosités hargneuses, populace/De démons noirs et de loups noirs.//Puis tu te sentiras la joue égratignée.../Un petit baiser, comme une folle araignée,/Te courra par le cou...//Et tu me diras: "Cherche!", en inclinant la tête;– Et nous prendrons du temps à trouver cette bête/– Qui voyage beaucoup... (N.E.)

políticos franceses de broncos, gabolas e parasitas! Esse protesto tem o poder de desagradar profundamente Xavier des Essarts. Porém, inconsciente do estrago, Rimbaud corre no dia seguinte para se apresentar à redação do jornal, na Rue du Collège, número 20, ao lado da Taverne du Cercle onde, entre uma coluna e outra, encontram-se os cronistas. Dizem-lhe que não estão precisando de ninguém e o despacham, com gentileza.

Essa decepção o desorienta. Durante todo o dia e uma grande parte da noite, ele vagueia pela cidade. Enfim, consegue dormir por algumas horas. Mas, logo no início da manhã, atravessa a porta de um cabaré que não passa despercebido em Charleroi – o Cabaret Vert, também conhecido como Maison Verte, na Rue de la Station, bem em frente à estação de trem – em razão de sua fachada pintada de verde que se completa com salas, móveis e decorações da mesma cor.

> Há oito dias gastava as botas no chão,
> Pelas pedras da estrada. Em Charleroi entrei.
> – No Cabaré Verde: pedi um pouco de pão
> Com manteiga e presunto, não muito quente.
>
> Satisfeito, estendi as pernas sob a mesa
> Verde: e contemplei os temas primitivos
> Da tapeçaria. – E foi uma surpresa,
> Quando a moça de enormes tetas e olhos vivos
>
> – Essa aí, um beijo não me nega! –
> Trouxe-me sorridente o pão com manteiga,
> Presunto morno, num prato decorado:
>
> Um presunto rosado, perfumado com um dente
> De alho, – e um chope cheio pôs a minha frente,
> Que um raio de sol deixava dourado.*[8]

---

* Depuis huit jours, j'avais déchiré mes bottines/Aux cailloux des chemins. J'entrais à Charleroi./– Au Cabaret-Vert: je demandai des tartines/De beurre et du jambon qui fût à moitié froid.//Bienheureux, j'allongeai les jambes sous la table/Verte: je contemplai les sujets très naïfs/De la tapisserie. – Et ce fut adorable,/Quand la fille aux tétons énormes, aux yeux vifs,//– Celle-là, ce n'est pas un baiser qui l'épeure! –/Rieuse, m'apporta des tartines de beurre,/ Du jambon tiède, dans un plat colorié,//Du jambon rose et blanc parfumé d'une gousse/D'ail, – et m'emplit la chope immense, avec sa mousse/Que dorait un rayon de soleil arriéré. (N.E.)

E se tentasse a sorte em Bruxelas?

Sem mais um tostão no bolso, é obrigado a percorrer a pé os sessenta quilômetros que separam Charleroi da capital do reino. Assim que chega, segue direto para a Rue Fossé-aux-Loups, perto da Rue Neuve e da Place de la Monnaie, à procura de um conhecido de Izambard, Paul Durand, que gentilmente lhe oferece dois dias de hospitalidade na casa onde mora com a mãe e o irmão mais velho e lhe dá roupas limpas, além de um par de bons sapatos para caminhar.

Assim que recupera as forças e recebe um pouco de dinheiro, Rimbaud esquadrinha os novos bulevares do centro da cidade* em busca de algum jornal que, ainda alimenta a esperança, pudesse oferecer-lhe trabalho. Porém, logo abandona o projeto e decide voltar para a França.

Seu objetivo é encontrar Izambard, seu amigo, seu irmão, seu pai de coração. Mais do que nunca, está convencido de que o professor de retórica é o único ser no mundo capaz de lhe oferecer conselhos preciosos. Conselhos, quaisquer que sejam, que ele espera seguir.

Dirige-se à estação do Midi, na Place de la Constitution, na extremidade do Boulevard du Hainaut. E, com o que sobrou do dinheiro que lhe deu Paul Durand, compra uma passagem para Douai.

---

* A abertura desses bulevares, realizada por uma empresa inglesa, aconteceu de 1867 a 1871.

Em meio às cinzas

Com as belas roupas novas que Paul Durand lhe deu – seguindo a moda do colarinho falso com gravata de seda acobreada –, Rimbaud se parece com um dândi quando se apresenta na casa de seu ex-professor de retórica, na Rue de l'Abbaye-des-Prés, em Douai.

Ele é recebido pelas três irmãs Gindre – Caroline, Henriette e Isabelle, respectivamente com 39, 44 e 47 anos – que anunciam que Georges Izambard partiu para Charleville e está à sua procura há uma boa semana. Tudo bem, assegura a elas, ele pode esperar. E, sem mais delongas, pede hospitalidade. Logo em seguida, solicita tinta e papel para poder passar a limpo os poemas que escreveu nas Ardenas, em Charleroi e em Bruxelas durante as últimas semanas. Meticuloso, quase maníaco, ele não tolera nenhuma mancha, nenhum erro, nenhuma rasura.

Além de "Ao Cabaré Verde" e "A ver-nos no inverno", ele se dedica a passar a limpo "A maliciosa", "A estrondosa vitória de Sarrebruck" (um poema que lhe foi inspirado por uma gravura belga "brilhantemente colorida", à venda em Charleroi pelo preço de "35 centavos"), "O armário" e ainda "Minha boêmia", um soneto que constitui uma espécie de confissão íntima e que dá o tom de suas múltiplas vagueações.

> Lá ia eu, com as mãos nos bolsos furados;
> Meu paletó também tornava-se ideal;
> Caminhando sob o céu, Musa, eu era teu súdito leal,
> Minha nossa! Sonhei com tantos amores elevados!
>
> Um grande furo havia em meu único par de calças.
> – Pequeno Polegar sonhador, pelo caminho desfiava
> Rimas. E sob a Ursa Maior eu pernoitava.
> – Minhas estrelas no céu soavam como uma valsa.
>
> E eu escutava, sentado à beira do caminho,
> As belas noites de setembro, sentindo as gotas
> De orvalho no rosto, como um revigorante vinho;

> E, rimando naquele escuro fantástico
> Como se tocasse uma lira, eu tocava os elásticos
> Dos sapatos apertados, com um pé junto ao coração!*¹

Ao voltar para casa, Izambard fica ao mesmo tempo surpreso e aliviado de rever Rimbaud em excelente saúde, mas extremamente irritado com sua atitude imatura, a qual reprova. Ainda mais porque não para de ser atormentado pela sra. Rimbaud, que teima em acreditar com todas as forças que os dois estão mancomunados: ela exige que seu filho – "o moleque", como o designa em suas cartas – seja entregue à polícia e repatriado, *manu militari*, a Charleville! De seu ponto de vista, não há outra solução. Izambard é obrigado a concordar. E, no final das contas, não fica contrariado por não ter mais de aguentar os desvios e caprichos desse aluno fora do comum.

Reconduzido a Charleville em segurança, Rimbaud reintegra o lar familiar completamente desamparado. Ele adivinha que os dias que o aguardam serão morosos e entediantes, que viver sob a disciplina cruel de sua mãe será um tormento incessante. No que se refere à sra. Rimbaud, ela está com os nervos à flor da pele, pois não tem notícias de seu filho mais velho, Frédéric, que, a exemplo do pai, escolheu o arriscado ofício das armas. Vizinhos disseram-lhe que o regimento ao qual ele foi incorporado teria partido para a Alsácia ou para a Lorena.

Um dos únicos consolos de Rimbaud é o amigo Ernest Delahaye. Cada vez que tem a oportunidade, corre a seu encontro, geralmente à sua casa de Mézières ou ao Bosque do Amor, que fica a uma centena de metros dali, plantado com

---

* Je m'en allais, les poings dans mes poches crevées;/Mon paletot aussi devenait idéal;/J'allais sous le ciel, Muse! et j'étais ton féal;/Oh! là! là! que d'amours splendides j'ai rêvées!//Mon unique culotte avait un large trou./-Petit-Poucet rêveur, j'égrenais dans ma course/Des rimes. Mon auberge était à la Grande Ourse./– Mes étoiles au ciel avaient un doux frou-frou//Et je les écoutais, assis au bord des routes,/Ces bons soirs de septembre où je sentais des gouttes/De rosée à mon front, comme un vin de vigueur;//Où, rimant au milieu des ombres fantastiques,/Comme des lyres, je tirais les élastiques/De mes souliers blessés, un pied près de mon coeur! (N.E.)

velhas tílias, muito embora a cidade esteja em ebulição e a cada esquina barricadas estejam sendo erguidas. Juntos, eles falam da guerra, das derrotas sucessivas do exército francês em Sedan e Metz, das bombas, dos explosivos e das balas que, dizem, cruzam sem parar o céu inflamado de Estrasburgo, do cerco de Paris, cujos tristes ecos só chegam às Ardenas em pedaços desconjuntados.

Eles ouvem dizer que os parisienses não podem mais passear pelo Bois de Boulogne, nem ir para os subúrbios de Meudon, Saint-Cloud, Ville-d'Avray, Versalhes, Vincennes, Charenton, ou caminhar às margens do rio Marne. Na cidade, os jardins dos palácios teriam se transformado em "acampamentos e campos de artilharia", enquanto no Champs de Mars se alinhariam "longas fileiras de tendas destinadas a abrigar os soldados".[2] Também haveria barracas erguidas em torno da catedral de Notre-Dame.

No fim do mês de outubro, Rimbaud e Delahaye entram em contato com a redação do *Progrès des Ardennes* – um novo jornal republicano ("político, literário, agrícola e industrial") criado para fazer concorrência ao tradicional *Courrier des Ardennes*, fundado em 1833 – oferecendo colaboração. O fundador do *Progrès des Ardennes*, Émile Jacoby, um radical originário da região de Gers, é uma pequena celebridade em Charleville, onde publicou um tratado de aritmética e tem um estúdio de fotografia bem-equipado. Foi aliás nesse estúdio que Rimbaud e seu irmão Frédéric posaram lado a lado no dia de sua primeira comunhão.

Émile Jacoby recebe Rimbaud e Delahaye calorosamente, dando a entender que os chamará se algum dia seu jornal vier a conquistar um grande público. Tudo depende da situação política... Enquanto isso, está disposto a publicar "O adormecido do vale", um soneto campestre no qual Rimbaud descreve um jovem soldado estendido na grama e cujo tema lhe parece oportuno.

> Era um canto verde onde cantava um rio
> Agarrando loucamente às ervas trapos

> De prata; onde o sol, da orgulhosa montanha,
> Fulge: era um pequeno vale que exagerava as luzes.
>
> Um jovem soldado, de boca aberta, cabeça nua,
> E a nuca banhando na fresca cardamina,
> Dorme; estendido sobre a relva, no sereno,
> Pálido em seu leito verde onde a luz chove.
>
> Com os pés nos gladíolos, dorme. Sorrindo como
> Sorriria uma criança doente, tira um cochilo:
> Ó Natureza, acalente-o: ele sente frio.
>
> Os perfumes não estremecem sua narina;
> Ele repousa ao sol, com a mão sobre o peito
> Tranquilo. Com dois furos rubros do lado direito.*[3]

Na região, a atmosfera permanece sombria, e o frio cortante que se instalou desde o início do inverno não colabora para amenizar a situação. Em 2 de novembro, numa carta a Izambard, Rimbaud reclama de estar ocioso e inativo e afirma considerar-se um ser "sem coração":

> Estou definhando, decompondo-me na chatice e na mediocridade. O que posso fazer? Obstino-me a adorar a liberdade livre e... um monte de coisas que são "de dar dó", não é? – Deveria partir de novo, hoje mesmo. Eu poderia ter ido: estava com roupas novas, teria vendido meu relógio, e viva a liberdade! – No entanto, fiquei! Fiquei! – E já quis partir tantas outras vezes. – Pronto: chapéu, casaco, mãos nos bolsos e lá vamos nós! – Mas ficarei, ficarei. Não prometi ficar. Mas o farei para merecer sua afeição: o senhor a ofereceu. Eu a merecerei.
> O reconhecimento que sinto pelo senhor, eu não saberia expressar melhor hoje do que em qualquer outro dia. Mas

---

* C'est un trou de verdure où chante une rivière/Accrochant follement aux herbes des haillons/D'argent; où le soleil, de la montagne fière,/Luit: c'est un petit val qui mousse de rayons.//Un soldat jeune, bouche ouverte, tête nue,/Et la nuque baignant dans le frais cresson bleu,/Dort; il est étendu dans l'herbe sous la nue,/Pâle dans son lit vert où la lumière pleut.//Les pieds dans les glaïeuls, il dort. Souriant comme/Sourirait un enfant malade, il fait un somme:/Nature, berce-le chaudement: il a froid.//Les parfums ne font pas frissonner sa narine;/Il dort dans le soleil, la main sur sa poitrine/Tranquille. Il a deux trous rouges au côté droit. (N.E.)

conseguirei prová-lo. Para tanto, terei de fazer algo pelo senhor, algo que eu morreria para fazer, dou-lhe minha palavra.
– Tenho ainda tantas coisas a dizer...[4]

Sob a assinatura, acrescenta ainda:

Guerra: – Mézières ainda não está sitiada. Quando será? Ninguém fala disso. – [...] Por todo lado, franco-atiradores. – Prurigo abominável de idiotismo, tal é o espírito da população. A gente ouve cada uma! É desanimador.[5]

O que ajuda a consolar Rimbaud é a biblioteca municipal de Charleville. Ele a frequenta sempre que pode e pede ao bibliotecário, Jean-Baptiste Hubert – um homem irascível e sempre imprevisível –, obras que não encontrou no apartamento de Izambard ou que não pode comprar na livraria de Prosper Letellier por falta de dinheiro. Ele disseca Jean-Jacques Rousseau, Helvécio, d'Holbach, Proudhon... apenas autores rebeldes, refratários, verdadeiros franco-atiradores, homens que se insurgem contra a religião, a moral estabelecida, a educação, a autoridade, o dinheiro...

No silêncio da sala de leitura, onde nunca há muita gente, ele também escreve poemas – textos que, na maioria das vezes, traduzem sua dolorosa dificuldade de ser, seus tormentos, seus sonhos insatisfeitos de volúpia, suas raivas, seus ódios. Por vezes, revelam a influência mais ou menos direta dos parnasianos, como em "Cabeça de fauno". Outras vezes, como no caso de "Os assentados", nenhuma influência – mas palavras, sentenças, metáforas, neologismos e soluções que lhe são próprias: "dedos nodorentos", "o sincipúcio recoberto de grimências vagas", "vivos sóis percalinizando sua pele", "pencas de amídalas", "flores de tinta cuspindo pólens em vírgula", "cálices acocorados"... Ele joga fora os rascunhos, pois deseja que seus manuscritos sejam perfeitos.

Em 30 de dezembro, os alemães começam a bombardear Mézières. Com as altas muralhas cinzentas e os salientes de sua orgulhosa fortaleza, a cidade tornou-se um campo entrincheirado de onde é impossível sair. Como não para de nevar, o espetáculo é perturbador. Feixes de fogo, balas, pedras e terra misturam-se às intempéries, e não se sabe mais muito bem o que está caindo do céu.

Os estrondos dos canhões, o fragor das bombas, Rimbaud consegue escutar de sua casa no Quai de la Madeleine, em Charleville, onde sua mãe o trancou com as irmãs. Todos os seus pensamentos estão com Ernest Delahaye, e ele se pergunta onde o amigo teria conseguido encontrar abrigo. Sem dúvida, diz a si mesmo, no porão da casa de seus pais, tremendo de frio e de medo. O alarido aterrorizante e ensurdecedor dura horas e mais horas. Até a madrugada, quando Mézières, retalhada por milhares de bombas, decide capitular.

Já na manhã seguinte, as tropas alemãs começam a ocupar Mézières e Charleville. Por volta da meia-noite, precedidas pelos tambores, elas cercam a Place Ducale. Para Rimbaud, é como uma "derrota sem futuro".[6] Como se suas ilusões sobre a vida, sobre os seres humanos, tivessem simplesmente desmoronado. Ele testemunha a morte ao vivo, suas narinas inalam seu odor amargo e execrável, ele a sente na pele, nas mãos, como se ela fosse insinuar-se dentro dele e tomar posse de todo o seu corpo.

Para onde quer que olhe, ele vê as ruínas de uma guerra cujo sentido exato e cujas verdadeiras razões políticas lhe escapam.

A casa dos Delahaye tornou-se um amontoado de ruínas, mas felizmente Ernest e sua família estão sãos e salvos. Nos haras de Mézières, transformados em hospital de campanha, aglomeram-se todos os pobres soldados que sobreviveram à carnificina, feridos, mutilados, enfermos, mazelentos, abatidos, em pleno desespero.

Paris também – ele ouve dizer alguns dias mais tarde – sucumbiu a bombardeios que fizeram mais de seiscentas vítimas. A notícia deprime Rimbaud ainda mais. E também começa a obcecá-lo. E se, a despeito de todos esses acontecimentos trágicos, ele voltasse a Paris?

Já não é sem tempo de mostrar seus poemas a escritores de renome, apresentá-los a editores – quem sabe aos diretores da Librairie Artistique, pela qual Paul Demeny já publicou dois livros?

Em 25 de fevereiro de 1871, ele parte mais uma vez rumo à capital, munido dessa vez de uma passagem de trem devidamente adquirida graças ao dinheiro obtido com a venda de um relógio. E tanto faz se, depois de sua fuga para Douai, ele tivesse prometido a Izambard, de modo a merecer sua afeição, que nunca mais abandonaria a casa materna sem o conhecimento da mãe!

A guerra terminara, é verdade, mas Paris está exaurida, desgastada pelos rigores do cerco. Assolados pela fome, os parisienses chegaram a se alimentar dos animais do Jardin des Plantes – e nos cardápios dos restaurantes figuram pratos estranhos com nomes esquisitos: costeletas de tigre, presunto de urso, cupim de bisão, lombo de canguru, terrina de tucano, fígado de avestruz, marinada de crocodilo...

A desolação está por toda a parte, mas Rimbaud tenta não prestar muita atenção. Aliás, ninguém se interessa por ele. E na Librairie Artistique, embora ele diga ter sido recomendado por Paul Demeny, mal o recebem. Segue então para a Passage Choiseul na esperança de encontrar Alphonse Lemerre, mas não é atendido. Ele percorre sua biblioteca, consulta os livros que acabam de ser lançados e que abrangem todos os acontecimentos recentes: *Lettre d'un mobile breton*, de François Coppée, *Le Sacre de Paris* e *Le Soir d'une bataille*, de Leconte de Lisle, *Colère d'un franc-tireur*, de Catulle Mendès, *L'Invasion*, de André Theuriet, *Poèmes de guerre*, de Émile Bergerat, o genro de Théophile Gautier...

Ele folheia algumas páginas, diz a si mesmo que poderia fazer melhor, expressar melhor a desolação e as catástrofes sangrentas provocadas pela guerra. Por fim, passa os olhos pela última edição do *Le Parnasse contemporain* e da revista *L'Éclipse*, cuja chamativa capa estampa uma caricatura colorida de André Gill.

Esse caricaturista de 33 anos lançara-se em fevereiro de 1866 no semanário satírico *La Lune* (localizado na Voie Lactée, número 333, fundos!). Rimbaud o descobrira na livraria de Prosper Letellier e imediatamente se entusiasmara com os retratos caricaturais das principais personalidades do Segundo Império: Victor Hugo, Victorien Sardou, Léon Gambetta, Alexandre Dumas Filho, Gustave Courbet, Jacques Offenbach – esse último representado como se estivesse cavalgando seu violino, marcando o tempo e seguido pela tropa de todos os personagens de suas operetas... Ou ainda do fotógrafo Nadar, retratado com pernas imensas, agarrando-se ao balão *Le Géant*.

Será que por acaso o funcionário de Alphonse Lemerre, ou alguém da editora, saberia o endereço de André Gill?

Todo mundo sabe, responde o funcionário, pois André Gill, embora muito orgulhoso de seu sucesso na imprensa, é um homem cortês e tranquilo. Desde o início de sua carreira, na revista *La Lune*, adotou o excelente hábito de praticar a política das portas abertas: Boulevard d'Enfer. Rimbaud dirige-se de pronto para a casa do desenhista e conta-lhe em termos sinceros toda a sua admiração. Não sem acrescentar que não conhece ninguém em Paris e que seus meios de subsistência são dos mais precários. Recebe um pouco de dinheiro, com o qual se alimenta por alguns dias. Por outro lado, não gasta nem um tostão para dormir num hotel, preferindo passar as noites sob as pontes ou refugiar-se nos barcos de carvão atracados ao longo do Sena.

Durante o dia, ele perambula pelas margens do rio e fica horas e horas diante das barracas de livros usados. Conversa com os vendedores. Faz inúmeras perguntas. O que as pessoas estão lendo? De que poetas gostam?

E essa vagueação prolonga-se por quase duas semanas.

Em 10 de março, sujo, fedorento, sem um tostão no bolso, ele atravessa os subúrbios de Paris e volta a pé para Charleville.

Crapulear

Ver surgir o filho imundo, cheirando mal, com o cabelo todo desgrenhado deixa a sra. Rimbaud sem voz, quase sem ação. Ela queria esbofeteá-lo de novo, brigar com ele, gritar, dizer o quanto ficara mortificada de preocupação enquanto ele passeava Deus sabe onde e com quem. Mas, naquele momento, sente-se incapaz. Ela simplesmente diz que seria melhor que ele se lavasse e trocasse de roupa. E corre para se trancar em seu quarto a fim de se recuperar do susto.

Na mesma noite, Rimbaud é advertido por sua mãe de que deve retomar seus estudos agora que a guerra acabou e que, desde o dia 15 de abril, os estabelecimentos escolares reabriram as portas. Ele protesta. Diz que tem diversos projetos e que nenhuma escola, superior ou não, lhe ensinará mais nada.

Ao final de dez dias de procrastinação, ele anuncia (mas sem ter certeza ainda) que logo será contratado por Émile Jacoby para trabalhar no *Progrès des Ardennes*, cuja publicação fora interrompida no fim de 1870.

Em seu íntimo, ele já se vê no jornal. Imagina-se escrevendo sobre a Comuna, proclamada em Paris no dia 18 de março, que o entusiasma sobremaneira. O que ela preconiza – o grande sopro de liberdade, os ideais generosos, mistura heterogênea de utopia à maneira de Charles Fourier, materialismo, socialismo, humanismo e messianismo primitivo, as aspirações do Comitê Central composto de operários – corresponde exatamente às suas próprias aspirações, a seus impulsos pessoais, à sua visão da sociedade francesa. A bem da verdade, ele gostaria de se juntar aos comunalistas. Gostaria de participar de seus debates, bradar com eles que a ordem estabelecida foi vencida, que o país, livre do obscurantismo, está agora no caminho do progresso, da igualdade (a igualdade pura e simples) e da fraternidade.

A Comuna o entusiasma a tal ponto que ele lhe dedica um vibrante poema ao qual dá um título dos mais explícitos: "Canto de guerra parisiense".

A Primavera é evidente, pois
Do coração das Propriedades verdes,
O voo de Thiers e de Picard
Revela seus esplendores abertos.

Ó Maio! delirantes sem culotes!
Sèvres, Meudon, Bagneux, Asnières,
Escutai os visitantes bem-vindos
Semeando as coisas primaveris!

Vêm de quepe, sabre, tam-tam,
Não com a velha caixa de velas
E os ioles que ja... ja... jamais
Fendem o lago de águas vermelhas!

Mais do que nunca farreamos
Quando chegam a nossas malocas
Os terríveis capacetes amarelos
Em particulares auroras!

Thiers e Picard são como Eros,
Sequestradores de girassóis,
Com fogo eles pintam Corots:
Enquanto as tropas catam besouros...

São familiares do Grão Truco!...
E, em meio aos gladíolos, Favre
Faz de uma lágrima um aqueduto,
Pondo o nariz na pimenta!

O pavimento da cidade é quente
Apesar das bombas de petróleo,
Nós precisamos certamente,
Liberá-los de vosso papel.

E os Ruralistas que se repousam
Em longos alongamentos.
Ouvirão ramos que se quebram
Entre os rubros atroamentos!*[1]

---

* Le Printemps est évident, car/Du coeur des Propriétés vertes,/Le vol de Thiers et de Picard/Tient ses splendeurs grandes ouvertes!//Ô Mai! quels délirants culs-nus!/Sèvres, Meudon, Bagneux, Asnières,/Écoutez donc les bienvenus/Semer les choses printanières!//Ils ont shako, sabre et tam-tam,/Non la vieille boîte à bougies,/Et des yoles qui n'ont jam, jam.../(continua)

Durante a primeira quinzena do mês de abril, Rimbaud sente uma das maiores alegrias de sua juventude: embora não tenha ainda dezessete anos, é contratado como secretário no *Progrès des Ardennes*, ainda que sua única responsabilidade seja separar a correspondência. Cedo ou tarde, ele espera inserir alguns de seus poemas nas colunas do jornal, assim como artigos que gostaria de assinar, por puro escárnio, com o pseudônimo de Jean Baudry – nome de um dos personagens criados pelo dramaturgo e colunista social Auguste Vacquerie em 1863, muito apreciado nos meios parisienses.

No cargo que ocupa, ele pode ao menos conviver com os jornalistas. Começa assim a frequentar na companhia deles os cafés sob as belas arcadas da Place Ducale, cuja construção remonta à fundação da cidade, ocorrida em 1606. As discussões são em geral bastante calorosas, até mesmo tempestuosas. E muitas vezes clientes de passagem ou frequentadores habituais dos cafés juntam-se ao grupo e contribuem com seus comentários. Por exemplo, o excêntrico Paul-Auguste Bretagne, mais conhecido por Charles Bretagne, a quem Rimbaud fora apresentado alguns meses antes graças a Georges Izambard.

Charles Bretagne é um assíduo freguês do Café Dutherme. Nascido em Vouziers em 1837, ele trabalha na fábrica de açúcar Petit Bois, de Charleville, onde é funcionário encarregado dos impostos indiretos (seu pai fora um alto funcionário responsável pelos impostos diretos).

Com barba negra, rosto cheio, olhos brilhantes, voz estrondosa e barriga pronunciada, é uma espécie de atração local. Todos os seus amigos o chamam de pai Bretagne. "Jacobino ferrenho e furiosamente anticlerical"[2], amante de música

---

Fendent le lac aux eaux rougies!//Plus que jamais nous bambochons/Quand arrivent sur nos tanières/Crouler les jaunes cabochons/Dans des aubes particulières!//Thiers et Picard sont des Éros,/Des enleveurs d'héliotropes;/Au pétrole ils font des Corots:/Voici hannetonner leurs tropes.../Ils sont familiers du Grand Truc!.../Et couché dans les glaïeuls, Favre/Fait son cillement aqueduc,/Et ses reniflements à poivre!/La grand' ville a le pavé chaud/Malgré vos douches de pétrole,/Et décidément, il nous faut/Vous secouer dans votre rôle.//Et les Ruraux qui se prélassent/Dans de longs accroupissements,/Entendront des rameaux qui cassent/Parmi les rouges froissements! (N.E.)

de câmara, com uma inclinação pelas ciências ocultas e pela magia, infrequentável aos olhos da burguesia da cidade, ele simpatiza com Rimbaud, a quem gosta de chamar de "criança sublime" e de emprestar livros ou dar dicas de leitura. Aliás, leu a maior parte dos poemas do rapaz e os aprecia.

Infelizmente, menos de uma semana depois de ter sido contratado por Émile Jacoby, Rimbaud vem a saber que o governador das Ardenas proibiu por decreto a publicação do *Progrès des Ardennes*, excessivamente socialista, por considerar que as simpatias do jornal pela Comuna eram demasiado marcadas e passíveis de causar agitação, quiçá insurreição, na região.

Rimbaud não se conforma. Pergunta-se uma vez mais se não deveria voltar a Paris e juntar-se aos comunalistas. Ele tenta convencer Delahaye a embarcar nessa nova fuga, mas em vão. Ele hesita. Ouviu dizer que as ferrovias, as estações e as estradas estão sendo vigiadas pelos prussianos, que patrulhas esquadrinham os subúrbios e as portas da capital, que barreiras foram erguidas por toda a parte e, em particular, na entrada de vilarejos e aldeias.

Não aguentando mais, e apesar dos riscos que corre, uma bela manhã ele sai a pé pela estrada para Rethel, seguindo depois para Neuchâtel e Soissons. De lá, dirige-se para Villers-Cotterêts. Diz a si mesmo que sempre é possível se esconder nas florestas, caso haja necessidade. Os oitenta quilômetros que lhe restam a percorrer até Paris são, no entanto, os mais perigosos. Pelo que dizem alguns viajantes que ele aborda, haveria por ali vários controles e detenções indiscriminadas.*

Invadido pelo desânimo e pelo cansaço, Rimbaud desiste de continuar e dá meia-volta. Sua sensação é de nunca ter estado tão só, tão desamparado, tão distante de seus sonhos.

Meu triste coração baba na popa:
Meu coração coberto de caporal:

---

* No conto "Dois amigos", Guy de Maupassant mostra dois pescadores que, confundidos com espiões, são simplesmente fuzilados.

Laçam-lhe jorros de sopa.
Meu triste coração baba na popa:
Sob as caçoadas da tropa
Que solta uma gargalhada geral,
Meu triste coração baba na popa,
Meu coração coberto de caporal.

Itifálicos, soldadescos,
Com seus insultos foi depravado!
À tarde eles pintam afrescos
Itifálicos, soldadescos.
Ó fluxos abracadabrantescos,
Pegue meu coração, que seja salvo!
Itifálicos, soldadescos.
Com seus insultos foi depravado!

Quando não mascarem mais,
Como agir, ó coração roubado?
Serão outros bacanais,
Quando não mascarem mais:
Terei crises estomacais
Se meu coração for aviltado:
Quando não mascarem mais,
Como agir, ó coração roubado?*[3]

Quando retorna a Charleville, é para crapulear. Em uma carta que escreve em 13 de maio a Georges Izambard, que permanece na casa das irmãs Gindre em Douai, afirma isso com todas as letras:

---

* Mon triste coeur bave à la poupe,/Mon coeur est plein de caporal:/Ils y lancent des jets de soupe/Mon triste coeur bave à la poupe:/Sous les quolibets de la troupe/Qui pousse un rire général,/Mon triste coeur bave à la poupe,/Mon coeur est plein de caporal.//Ithyphalliques et pioupiesques/Leurs insultes l'ont dépravé./Á la vesprée, ils font des fresques/Ithyphalliques et pioupiesques./Ô flots abracadabrantesques/Prenez mon coeur, qu'il soit sauvé./Ithyphalliques et pioupiesques/Leurs insultes l'ont dépravé!//Quand ils auront tari leurs chiques/Comment agir, ô coeur volé?/Ce seront des refrains bachiques/Quand ils auront tari leurs chiques /J'aurai des sursauts stomachiques/Si mon coeur est ravalé:/Quand ils auront tari leurs chiques,/ Comment agir, ô coeur volé?

> Agora, resolvi crapulear o máximo possível. Por quê? Quero ser poeta, e estou trabalhando para me tornar *vidente*: o senhor não compreenderá, e não sei se saberei explicar muito bem. Trata-se de chegar ao desconhecido através do desregramento de *todos os sentidos*. São enormes os sofrimentos, mas é preciso ser forte, ter nascido poeta, e eu me reconheço poeta. Não é absolutamente minha culpa. Está errado dizer: penso. Deveríamos dizer: pensam-me. – Desculpe o jogo de palavras. – *Eu* é um outro. É o problema da madeira que vira violino, e deploro os inconscientes que peguilham sobre o que ignoram completamente![4]

Rimbaud apropria-se da palavra *vidente** – que descobriu um dia em *A busca do absoluto*, de Balzac – para fazer dela seu credo. Tem certeza de que nada nem ninguém o impedirá de se conformar de corpo e alma. Nem que afunde na loucura. Nem que acabe "num bocal, monstro num Museu"[5], como teme Izambard na resposta que envia a Rimbaud. Nesta carta, o professor ainda o alerta contra sua teoria do *vidente* – uma teoria que julga inepta e que, a seus olhos, consiste simplesmente em pegar os "pensamentos mais incoerentes" e as "palavras mais heterogêneas" e conectá-las "de qualquer jeito" para criar "um delicioso pequeno feto".[6] Ser absurdo, afirma Izambard, está ao alcance de qualquer um.

No dia 15, em carta endereçada agora a Paul Demeny e à qual anexa alguns de seus poemas, ele volta a falar em ser *vidente* e explica o que entende por isso:

> Digo que é preciso ser *vidente*, fazer-se *vidente*.
> O Poeta faz-se *vidente* mediante um longo, imenso e equilibrado *desregramento de todos os sentidos*. Todas as formas de amor, sofrimento, loucura; ele mesmo procura, filtra em si todos os venenos, para guardar apenas a quintessência. Tortura inefável, na qual precisa de toda a fé, de toda a força sobre-humana, na qual se torna, para toda a gente, o grande doente, o grande criminoso, o grande maldito e – o supremo Sábio! – Pois chega ao *desconhecido*! Já que cultivou sua alma,

---

* A palavra, no sentido rimbaudiano, encontra-se também em um romance de Ernest Fouinet, *Le Pâtre Andéol*, publicado em 1842.

> que já era rica de antemão, mais do que qualquer outra! Chega ao desconhecido e, quando ensandecido acabaria por perder a inteligência de suas visões, ele as terá visto! Que morra em seus saltos pelas coisas extraordinárias e inomináveis: outros horríveis trabalhadores virão e começarão a partir do horizonte no qual o outro desapareceu!
> [...]
> Portanto, o poeta é realmente o ladrão do fogo.
> Está encarregado da humanidade e até mesmo dos *animais*; ele deverá fazer sentir, tocar, escutar suas invenções; se o que relata do *além* tem forma, ele dá forma; se é informe, ele dá deformidade. Encontrar uma língua.[7]

Em sua determinação, doravante inabalável, Rimbaud é incentivado tanto por Delahaye quanto por Bretagne, que encontra com cada vez mais frequência no Café Dutherme e com quem nunca se recusa a beber umas e outras. É aliás Bretagne quem lhe anuncia que o exército dos versalheses, o exército do sinistro *pequeno* Thiers*, invadiu Paris em 21 de maio, travando atrozes e sangrentos combates contra os comunalistas, sobretudo no norte e no leste da cidade, perto do cemitério Père-Lachaise e dos bairros de Belleville, Ménilmontant e Batignolles. E Thiers já teria inclusive constituído um conselho de guerra para julgar e executar todos os incendiários reconhecidos culpados de terem matado soldados.

Segundo as informações de Bretagne, haveria dezenas, talvez centenas de cadáveres. E incêndios em todos os bairros centrais, na Rue Royale, na Rue de Rivoli, na Rue du Bac, na Rue de Lille, na Place de la Concorde, onde, em torno do Obelisco de Luxor, esculturas despedaçadas cobririam os paralelepípedos... Ao que parece, o Banco da França estaria em chamas. Assim como o Ministério das Finanças, o Tribunal de Contas, o Théâtre-Lyrique, o Jardin des Tuileries, a sede da Prefeitura... Sem esquecer o Louvre. Esvaziando seu caneco de chope, num tom lúgubre, Bretagne diz ignorar se se trata do museu ou da loja de departamentos homônima. A menos que sejam os dois.

---

* Adolphe Thiers (1797-1877): político responsável por derrotar a Comuna de Paris durante a Semana Sangrenta, em 1871. (N.T.)

No dia 28, com o fim dos conflitos, da loucura sanguinária de que Paris fora o imenso palco, calculam-se mais de vinte mil mortos entre os comunalistas. Dos que tiveram a sorte de sobreviver, quase sete mil foram deportados. Outros fugiram e escondem-se onde podem, nos confins de alguma província, na Bélgica ou na Inglaterra. A Assembleia Nacional declara que Adolphe Thiers, o novo presidente da República, "prestou um grande serviço à pátria"...

Como para conjurar a "Fatalidade", Rimbaud mergulha na poesia com ainda mais ardor. Produz textos de tamanho desigual, por vezes uma simples quadra ("A estrela chorou"), por vezes cantilenas, a exemplo de "Orgia parisiense ou Paris se repovoa", de inspiração comunalista, e "O que dizem ao poeta a propósito das flores", poema dedicado a Théodore de Banville, com 160 versos divididos em cinco seções.

Esse último texto, ele envia ao próprio homenageado em Paris. Na carta à qual o anexa, confessa ser apenas um "imbecil" e, mentira inocente, pretende dessa vez ter dezoito anos.

Envia também alguns de seus poemas a Paul Demeny, assim como a Jean Aicard, um escritor provençal de 23 anos, cuja primeira antologia poética, *Jeunes croyances*, fora publicada por Alphonse Lemerre em 1867, tornado-o um dos autores regulares do *Le Parnasse contemporain*. Em retorno, recebe cartas corteses. Nenhuma promessa. Apenas as respostas padronizadas desse tipo de correspondência.

Em uma tarde de agosto, ele está como de hábito bebericando com Bretagne no Café Dutherme. A certa altura, evoca os *Poemas saturninos*, de Paul Verlaine. Uma obra-prima, afirma. E elogia ainda mais as magníficas, extraordinárias, geniais *Festas galantes*. Desde Baudelaire – é a sua mais profunda convicção – ninguém fez nada melhor.

Bretagne ouve com atenção. Por fim, confessa a seu jovem companheiro que conheceu o tal Paul Verlaine na época em que trabalhava em outra refinaria de açúcar, perto de Arras. E aconselha vivamente Rimbaud a enviar-lhe uma amostra de seus trabalhos. Caso queira, acrescenta, ele pode anexar um bilhete de recomendação assinado.

Rimbaud não pensa duas vezes. Escreve de imediato a Verlaine, aos cuidados do editor Alphonse Lemerre. Anexa à carta diversos poemas meticulosamente caligrafados. Aqueles que considera os melhores: "Os alumbrados", "Coração logrado", "Agachamentos", "Os assentados"...

Dois dias depois, fervendo de impaciência e temendo que a carta tenha se extraviado entre Charleville e Paris, ele envia uma segunda missiva com uma outra seleção de poemas: "Minhas pobres namoradas", "As primeiras comunhões", "Os pobres na igreja", "Orgia parisiense ou Paris se repovoa", "O barco ébrio"... E, no que lhe diz respeito, no lugar de "imbecil", prefere dessa vez qualificar-se de "escrotinho". Um "escrotinho" que só sonha com um coisa: ir a Paris para conhecer os poetas que admira.

Nos primeiros dias de setembro, Verlaine responde: "Venha, grande alma, você está sendo convocado, está sendo aguardado".[8]

No toucador de Mathilde

A carta de Verlaine provoca em Rimbaud uma satisfação das mais intensas, e ele a mostra com orgulho a Ernest Delahaye, acrescentando que adoraria se fizessem juntos a viagem a Paris. Mas Delahaye, prudente e sempre um tanto acanhado diante de decisões importantes, recusa a proposta. No dia da partida, cedo pela manhã, o amigo contenta-se em acompanhar Rimbaud até a estação de Charleville depois de ter ido buscá-lo em sua casa no Quai de la Madeleine.

Para a ocasião, Rimbaud deu um belo trato em sua aparência. Cedeu aos apelos de sua mãe, é verdade, que não se opôs dessa vez à viagem ao compreender a que ponto seu obstinado filho queria empreendê-la. O que a tranquiliza um pouco é que esse sr. Paul Verlaine colocou dentro do envelope um cheque com o valor de uma passagem de trem de terceira classe.

Durante o trajeto de Charleville a Paris, Rimbaud está nas nuvens. Nunca sentiu isso antes. Tem a estranha impressão de que o trem sobrevoou os trilhos e plana nos ares. A paisagem que desfila lentamente diante de seus olhos parece-lhe infinita, e ele a distingue como através de um véu.

Por volta das quatro da tarde, ele desembarca na estação de Estrasburgo no meio de uma multidão.

Será que Verlaine – cujos traços jamais viu, cuja aparência não pode sequer imaginar, nem ao menos se é jovem ou velho – teria vindo esperá-lo? Será que vai se precipitar a seu encontro? Como reconhecê-lo?

Rimbaud olha para a direita, para a esquerda, para frente e para trás. E, com a sacola que consiste em toda a sua bagagem nos ombros, dirige-se sem pressa para a sala de espera. De uma ponta a outra da plataforma, pessoas se encontram, se cumprimentam, se abraçam, soltam gritos de alegria. Entre elas, muitos militares reencontrando suas famílias e muitas jovens vindo recebê-los. No entanto, por mais que tenha olhado para todos os lados, não vê ninguém que dê indícios de se interessar por ele.

Isso não o abala em absoluto, pois lembra-se de cor do endereço de Verlaine. Estava inscrito no envelope da carta que recebeu em Charleville: Rue Nicolet, número 14. Depois de consultar o mapa de Paris, fica satisfeito ao constatar que a rua não é muito longe da estação de Estrasburgo e sem demora segue a pé para lá. Fica em Montmartre, um bairro por onde se aventurou diversas vezes quando de sua recente e malograda fuga para a capital. E, embora estivesse terrivelmente desamparado na ocasião, guardou dali algumas excelentes lembranças.

A temperatura está agradável nessa tarde de setembro quando chega à Rue Nicolet, uma ladeira entre a Rue Ramey e a Rue Bachelet. O número 14 é um belo sobrado no fundo de um pátio no qual se erguem, à esquerda e à direita, duas pequenas casas.

Sem demonstrar a menor hesitação, ele toca a campainha.

No instante seguinte, uma criada de cerca de cinquenta anos aparece no portão. Ele anuncia seu nome, diz que vem ver Paul Verlaine e que está sendo esperado. A criada desaparece por alguns segundos. Por fim, reaparece e o conduz a um pequeno toucador no pavimento térreo. A encantadora salinha, toda no estilo Luís Filipe, exala um forte cheiro de cera.

De repente, ele ouve um ruído de passos no assoalho e se volta.

É uma mulher muito jovem. Uma mulher grávida. Ela se apresenta: sra. Paul Verlaine. E confessa não estar entendendo o que aconteceu. Por que Rimbaud está só, se seu esposo e um de seus amigos, Charles Cros, foram esperá-lo por volta das três horas na estação de Estrasburgo?

Ele responde que não sabe, que ninguém o abordou quando desceu do trem vindo de Charleville. E, ao mesmo tempo, dá-se conta de que também não sabe nada da vida privada de Verlaine, que nunca se preocupou em saber o que quer que fosse a seu respeito. Ficou tão ofuscado, tão fascinado, ao ler e reler os *Poemas saturninos* e as *Festas galantes*, que se deteve nesse duplo ofuscamento, nessa dupla fascinação.

Ignora portanto que Verlaine nasceu em Metz em 1844, filho único de um pai militar originário de Bertrix, nas Ardenas belgas, e de uma mãe nascida em Fampoux, perto de Arras, e que em 1851 a pequena família instalou-se em Paris. Ignora que esse poeta, que considera ao mesmo tempo tão extraordinário e tão estranho, estudou direito e que, em seguida, foi nomeado escrivão da Prefeitura de Paris e, durante a Comuna, chefe do departamento de imprensa. Ignora que Verlaine frequentou muito cedo diversos escritores, que foi até mesmo visitar Victor Hugo em Bruxelas, antes de apresentar algumas de suas primeiras obras ao *Le Parnasse contemporain*, e então ter, em 1866 e por conta própria, sua antologia *Poemas saturninos* publicada por Alphonse Lemerre. E ignora também que Verlaine é casado há mais ou menos um ano com essa mulher de aparência frágil que entrou no toucador, com um rosto de criança e grávida de quase oito meses...

Seu nome de solteira era Mathilde Mauté de Fleurville, um nome aristocrático completamente inventado por seu pai, Théodore Mauté. Ela nascera em Nogent-le-Rotrou, em 1853, e conheceu Verlaine ali mesmo, na Rue Nicolet, em outubro de 1867. Foi seu próprio meio-irmão, o músico Charles de Sivry, nascido em 1848, que os apresentou. No início do casamento (ao qual a comunalista Louise Michel compareceu), em agosto de 1870, eles moraram na Rue du Cardinal-Lemoine, de frente para o Sena. Infelizmente, após os acontecimentos catastróficos da Comuna, Verlaine perdeu seu emprego na Prefeitura, e a casa onde moram agora pertence ao sr. e à sra. Mauté de Fleurville.

Essa coabitação é provisória, confidencia Mathilde a seu visitante. E dá a entender que seu marido não está satisfeito de viver na casa dos sogros, mas que no momento eles não têm escolha. São raros os poetas que vivem de seus escritos, acrescenta timidamente e um pouco embaraçada. E Verlaine, diz ainda com uma voz hesitante, lamentavelmente só é conhecido nos círculos literários parisienses de vanguarda, ainda que já tenha publicado dois volumes de versos e que tenha recebido incentivo de Victor Hugo.

Mathilde e Rimbaud ainda estão falando de Verlaine, que partiu à estação de Estrasburgo, quando a sra. Mauté de Fleurville irrompe na sala. É uma mulher de porte mediano e de aparência inflexível. Natural de Cambrai, ela tem 51 anos. Toca piano razoavelmente bem e até mesmo dá aulas particulares.

Os três observam-se em silêncio. Por fim Mathilde explica à mãe quem é o visitante e de onde vem, sem esquecer de mencionar que o rapaz também escreve poemas. A sra. Mauté de Fleurville acena com a cabeça. Que esse ardenense escreva poemas ou não, é de todo indiferente para ela. Ela esquadrinha o rapaz "grande e sólido e de rosto corado", esse "camponês", esse "jovem colegial que cresceu rápido demais", de "cabelos hirsutos", olhos de um azul-claro com reflexos azul-escuros, narinas redondas e abertas, calças que parecem ter sido "encurtadas" e que deixam entrever "meias de algodão azul"[1], a magra sacola que deixou a seus pés... Mas não faz nenhum comentário. Nem mesmo para lhe perguntar se fez uma boa viagem ou se precisa de alguma coisa.

Se sua filha tivesse apresentado Rimbaud como um adolescente ávido por aprender piano ou solfejo, ela não hesitaria em dizer, com o rosto empertigado, que em sua juventude beneficiara-se de aulas com Frédéric Chopin em pessoa. Em geral, ela impressiona nos salões graças a essa prestigiosa referência. Porém, continuando a observar Rimbaud como se fosse um animal exótico, percebe de imediato que é perfeitamente inútil falar de seu *pedigree*.

Mas eis que ouvem sons de voz vindos do vestíbulo.

Mathilde tem um sobressalto. Deve ser seu querido esposo acompanhado do amigo Charles Cros. E realmente são eles.

Com 29 anos, Charles Cros é o caçula de três irmãos muito amigos uns dos outros. Ele conheceu Verlaine em 1863, no salão da marquesa de Ricard, no Boulevard des Batignolles, onde desfilaram muitos jovens escritores, como Auguste Villiers de l'Isle-Adam, José Maria de Heredia, François Coppée, Léon Valade e Albert Mérat, assim como músicos como Charles de Sivry e Emmanuel Chabrier.

Curioso a respeito de tudo, atraído tanto pela literatura e pelas artes quanto pelas disciplinas científicas, tais como a acústica, a fotografia, a telegrafia e a química, Charles Cros publicou em 1869 dois ensaios deveras originais: "Estudos sobre os meios de comunicação com os planetas" e "Solução geral para o problema da fotografia colorida". Assim como Verlaine, ele faz parte do grupo dos Vilains Bonshommes, um clube literário e artístico bastante informal que reúne a "velha guarda" do salão da marquesa de Ricard, mas também Jean Aicard, os jornalistas Camille Pelletan e Jules Soury, que trabalham na Biblioteca Nacional, o crítico Émile Blémont, o fotógrafo Etienne Carjat, o pintor Henri Fantin-Latour, o compositor Camille Saint-Saëns e ainda o caricaturista André Gill (que Rimbaud fora visitar recentemente) e o desenhista Félix Régamey...

O nome de Vilains Bonshommes fora proposto por um novelista martinicano, Victor Cochinat, logo após a estreia da peça *Le passant*, de François Coppée, no Théâtre de l'Odéon, em 14 de janeiro de 1869. Enquanto os amigos e os bajuladores do poeta aplaudiam efusivamente a peça, enquanto gritavam com todos os pulmões o nome da jovem atriz iniciante que representava um dos papéis principais, uma certa Sarah Bernhardt, ele escrevia nas colunas de sua gazeta, *Le Nain jaune*: "(...) eles estavam todos lá, todos os parnasianos rodeando seu Apolo careca, Théodore de Banville, que levava sua lira sob o paletó e a coroa de murta florida dentro da cartola (...) Ah! foi uma bela reunião de *vilains bonshommes*!".*[2]

Em geral, eles se reuniam no Hôtel Camoens, na esquina da Rue Cassette com a Passage Saint-Benoît. Às vezes no restaurante das Milles-Colonnes, na Rue Montpensier, ou em algum outro estabelecimento agradável na margem esquerda do Sena, mas sem um lugar fixo. Foi aliás por ocasião de um dos jantares mensais dos Vilains Bonshommes, a convite de seu secretário, Léon Valade, que Verlaine mostrou a alguns de seus colegas os poemas que Rimbaud lhe enviara pelo correio, aos cuidados de seu editor, Alphonse Lemerre. E cada um deles reconheceu espontaneamente que os poemas eram incomuns.

---

* *Vilains bonshommes*: velhos velhacos, em tradução livre. (N.T.)

Verlaine e Charles Cros cumprimentaram Rimbaud afoitos. Eles não chegam a explicar por que não o encontraram na estação de Estrasburgo. Talvez, dizem, tenham se enganado de plataforma, ou talvez tenham confundido os horários dos trens. A menos que tenha sido por causa da multidão. Eles sabiam que iriam receber alguém muito jovem, confessam, mas não imaginavam que seria a esse ponto.

Rimbaud esboça um leve sorriso irônico. De soslaio, examina Verlaine, em quem não parou de pensar nos últimos dias e cujos poemas aprendeu de cor. Ele fica impressionado com sua testa proeminente e sua calvície precoce, com as sobrancelhas grossas e os olhos ligeiramente puxados que brilham com força, com a barba ruiva no meio da qual os lábios finos parecem se perder. O *personagem* agrada-lhe de imediato.

Mathilde logo os convida a jantar no primeiro andar da casa. Enquanto esperam para se sentar à mesa, Verlaine faz uma série de perguntas a seu convidado. Sobre sua família, seus estudos, Charleville, Mézières e os combates contra os prussianos, sobre as Ardenas. Ele conhece bastante bem a parte belga da região, comenta, graças à família de seu pai, infelizmente falecido há seis anos. E Rimbaud responde a tudo, mas num tom um tanto brusco, quase hostil, dando a entender que esse interrogatório tão convencional, tão *burguês*, desagrada-lhe.

Durante o jantar, ele mantém a mesma atitude pouco cordial, sobretudo com relação a Mathilde e sua mãe, a qual o encara com altivez. Ele come fazendo barulho, com os cotovelos na mesa, o nariz dentro do prato. De vez em quando, solta algum comentário e continua a responder displicentemente às perguntas de Verlaine que, por sua vez, não desprende os olhos do rapaz e parece beber cada uma de suas palavras.

No fim do jantar, sem pedir permissão a ninguém, tira do bolso um cachimbo de barro, enche-o de fumo e acende-o com grandes gestos atrapalhados. Volumes de fumaça empestam a sala de jantar.

Mathilde, a sra. Mauté de Fleurville e Charles Cros fingem não prestar atenção e continuam conversando.

Apenas Verlaine permanece sob o encanto.

Um convidado indesejado

Na Rue Nicolet, os Mauté de Fleurville colocaram à disposição de Rimbaud um quartinho no segundo andar. Para ele, é como se estivesse hospedado em um hotel, num hotel de luxo, pois levanta-se e vai para a cama a seu bel-prazer, despreocupado quanto aos horários das refeições fixados pela dona da casa. Alguns dias almoça com Verlaine, Mathilde e os Mauté de Fleurville, ou ainda com Charles de Sivry e sua esposa, que vivem na mesma casa. Outros, chama atenção por sua ausência, sem que ninguém saiba se está em seu quarto ou se saiu para passear, se voltará para jantar ou no meio da noite.

Como o clima ainda está agradável, ele é muitas vezes encontrado fazendo a sesta junto ao alpendre, deitado no chão do pátio. Nessas horas, é melhor não tentar perturbá-lo, nem tampouco pedir para que vá dormir em outro lugar. Para o cúmulo do desaforo, ele quebra objetos e chega a roubar um cristo de marfim, decidido a vendê-lo assim que cruzar, em suas pereambulações, com uma loja de antiguidades. E, como se não bastasse, nunca se lava nem troca de roupas, que começam a cheirar mal.

Pouco à vontade, Verlaine não ousa intervir. Incomoda-o escutar seus sogros indignarem-se e reclamarem sem trégua da atitude de Rimbaud, mas ainda assim não faz nenhuma reprimenda ao jovem. Ou o faz de maneira reticente, com a voz baixa, como se estivesse desculpando-se. Ele tenta fazer Rimbaud entender que logo, logo Mathilde vai dar à luz, que ela precisa mais do que nunca de descanso e tranquilidade, que sua saúde é delicada...

Rimbaud não dá a menor atenção a esses argumentos. Aliás, não se priva de dizer isso a Verlaine, com quem conversa cada vez mais agora que passeiam sempre juntos por toda Paris. Ele insiste que o poeta – o verdadeiro poeta, o *vidente* – tem de se elevar acima das contingências cotidianas e viver plenamente, sem amarras familiares, sem o sinistro decoro burguês, os papéis de parede, a louça pintada, as poltronas lustradas, as toalhinhas de renda sobre aparadores e cômodas, os enormes espelhos emoldurados, as tapeçarias tão pesadas, tão tristes, o insuportável cheiro de cera fresca... E percebe que esse homem mais velho é atraído por seu discurso, que seus olhos iluminam-se com um sorriso terno todas as vezes em que essas questões são abordadas.

Esse discurso que destoa, incomoda e escandaliza, ele também gosta de proferir em público, por toda parte onde seu protetor o leva. Em particular na livraria de Alphonse Lemerre onde critica, em alto e bom som, todas as novidades poéticas empilhadas nas mesas – tão somente impressos destituídos de valor, declara. Pseudoliteratura. E no Tabourey, um café badalado na Rue de Vaugirard, bem em frente ao palácio do Luxemburgo, onde conhece os amigos de Verlaine, sua espécie de guarda poética: Albert Mérat, Ernest d'Hervilly, Edmond Lepelletier e Léon Valade. Ele os choca ao afirmar que o alexandrino está ultrapassado e que todos aqueles que continuam a utilizá-lo são antiquados e imbecis.

Em uma cervejaria esfumaçada da Rue Saint-Jacques, perto da igreja de Saint-Séverin, ele chega a tratar Théodore de Banville de "velho idiota", depois que esse último – especialista em versificação, acreditando dar conselhos preciosos a um aprendiz de poeta – fez pequenas críticas quanto à construção rítmica de "Romance" e quanto aos estranhos neologismos de "Minhas pobres namoradas". E dizer que ainda no mês de agosto ele o chamava de "Senhor" e "Caro Mestre" e escrevia-lhe que "sempre" amaria seus versos!

Ao cabo de uns quinze dias, os Mauté de Fleurville não aguentam mais e insistem para que o genro mande Rimbaud embora. É verdade que Mathilde está a ponto de dar à luz. A contragosto, Verlaine apela para seus amigos.

Charles Cros é o primeiro a responder. Ele tem um ateliê na Rue Séguier, a dois passos da Place Saint-Michel, onde trabalha na fabricação de pedras preciosas sintéticas, e dispõe-se a instalar ali uma cama extra para Rimbaud, enquanto não encontram um lugar melhor. No entanto, logo tem de colocá-lo para fora por sua vez, pois Rimbaud teve a desoladora ideia de arrancar as páginas da bela e luxuosa revista *L'Artiste* para usar como papel higiênico.

Mostrando-se pouco rancoroso, o "velho idiota" do Banville (que se aproxima dos cinquenta) propõe-se então a recebê-lo em seu prédio, na Rue de Buci, no quarto de empregada, sob as mansardas do apartamento onde vive com sua esposa. Mas eis que uma noite Rimbaud resolve exibir-se completamente nu diante da janela desse quarto, provocando um tumulto em todo o bairro. Obrigado a deixar o aposento, ele corre para Verlaine, na Rue Nicolet, e carrega-o para os cabarés de Montmartre.

Desde que se casou, Verlaine parou de beber, ou ao menos parou de embriagar-se como costumava fazer antes do noivado. Entretanto, há algumas semanas ele retomou seus velhos hábitos e bebe com frequência. Quando está bêbado, quando entorna alguns copos do que gosta de chamar de "absomphe", um vocábulo que prefere a "absinto", não consegue controlar-se: divaga e fala sem parar, sobre qualquer coisa, em geral servindo-se de uma terminologia particularmente suja e obscena.

Rimbaud compartilha do gosto pelo álcool. Adora o momento da bebedeira, quando "eu" se torna um outro e se descobre uma identidade desconhecida, insólita. Nesse cabaré da Rue de l'Abreuvoir, onde entram de braços dados, ele ouve Verlaine sussurrar-lhe palavras de amor e sorri.

Ninguém nunca lhe falou assim antes, nem ele nunca disse nada parecido a quem quer que fosse. Sim, teve vontade uma vez, na primavera passada, após ter tido a audácia de abordar uma moça na praça da estação de Charleville e convidá-la para um passeio no campo... Aliás, é a ela que alude em seu poema "Primeira tarde":

> Ela estava quase despida
> E um grande ramo indiscreto
> Lançava folhas na janela,
> Maliciosamente perto.
>
> Sentada na minha poltrona,
> Seminua, cruzava as mãos.

Tremelicando junto ao chão
Seus pezinhos, finos, finos.

– Eu observava, pálido,
Um raiozinho gazeteiro
Borboletear em seu sorriso
E no seio, – mosca no canteiro.

– Beijei-lhe os finos tornozelos.
Deu um doce riso brutal
Que se desfez em claros trilos,
Um belo riso de cristal.

Os pezinhos sob a camisa
Escaparam: "Queres parar!"
– Primeira audácia permitida,
E o riso fingindo castigar!

– Palpitantes sob meus lábios,
Beijava docemente seus olhos:
– Ela lança a cabeça travessa
Para trás: "Ó! Está melhor!...

Senhor, tenho algo a dizer..."
– No resto do seio eu lançava
Um beijo que a fez estremecer
Com um bom riso que aceitava...

Ela estava quase despida
E um grande ramo indiscreto
Lançava folhas na janela,
Maliciosamente perto.*¹

---

* – Elle était fort déshabillée/Et de grands arbres indiscrets/Aux vitres jetaient leur feuillée/Malinement, tout près, tout près.//Assise sur ma grande chaise,/ Mi-nue, elle joignait les mains./Sur le plancher frissonnant d'aise/Ses petits pieds si fins, si fins.//– Je regardai, couleur de cire,/Un petit rayon buissonnier/ Papillonner dans son sourire/Et sur son sein, – mouche au rosier.//– Je baisai ses fines chevilles./Elle eut un doux rire brutal/Qui s'égrenait en claires trilles,/ Un joli rire de cristal.//Les petits pieds sous la chemise/Se sauvèrent: "Veux-tu finir!"/– La première audace permise,/Le rire feignait de punir!//– Pauvrets palpitants sous ma lèvre,/Je baisai doucement ses yeux:/ – Elle jeta sa tête mièvre/En arrière: "Oh! C'est encore mieux!...//Monsieur, j'ai deux mots à te dire..."/– Je lui jetai le reste au sein/Dans un baiser, qui la fit rire/D'un bon rire qui voulait bien.../– Elle était fort déshabillée/Et de grands arbres indiscrets/ Aux vitres jetaient leur feuillée/Malinement, tout près, tout près. (N.E.)

Porém, quando a moça da praça da estação chegou ao encontro, estava acompanhada da empregada, e Rimbaud ficou subitamente sem palavras...

No momento é diferente. E isso o perturba. E o diverte. Um pouco como se tivesse se aventurado contra a vontade em um estranho jogo proibido que – para sua grande surpresa – proporciona-lhe um imenso prazer.

Depois de acompanhar Verlaine, trançando as pernas, até a Rue Nicolet, ele arranja um quarto horroroso no Boulevard de la Chapelle e dorme até o meio-dia, quando é acordado pelo dono, que o põe para fora. Durante horas, apenas percorre as ruas de Paris. Ao cair da noite, acaba chegando ao Quartier Latin. Decide então passar no Círculo Zútico, onde já esteve uma ou duas vezes em companhia de Verlaine e que ocupa o terceiro andar do Hôtel des Étrangers, no Boulevard Saint-Michel, na esquina da Rue de l'École-de-Médecine e da Rue Racine.

Fundado por Charles Cros com a cumplicidade de seus dois irmãos, Henri, que é escultor, e Antoine, que é médico, o Círculo Zútico é um espécie de confraria livre na qual cada membro pode ir para beber, fumar (nem sempre tabaco), debater o que tiver vontade, recitar textos e improvisar discursos sobre todos os assuntos possíveis e imagináveis. Inclusive os mais revolucionários ou os mais lascivos. Se desejar, cada membro também tem a possibilidade de escrever ou desenhar o que lhe vem à mente em um livro de ouro batizado, naturalmente, *Álbum zútico*.

Por mais estapafúrdio e subversivo que pareça, o Círculo só gira, no entanto, graças a seu faz-tudo, Ernest Cabaner. Nascido em Perpignan, em 1833, Cabaner chegou a Paris quando tinha vinte anos a fim de ingressar no Conservatório de Música. Desde então, compôs uma ou outra peça, dentre as quais melodias inspiradas em poemas de Jean Richepin, uma opereta pastoral com base em versos de Molière e um *Fausto* sobre um texto do marquês de Polignac. Com "calças pretas largas demais, um sobretudo puído sobrando em cima do corpo magro, o rosto esquelético"[2] de onde brotam dois olhos grandes e assustados, ele parece estar sempre vindo de algum outro lugar. Para se sustentar, toca piano em bailes populares e em particular numa cervejaria da Avenue de La Motte-Picquet, "frequentada sobretudo por moças e recrutas chumbregados".[3]

Quando Rimbaud chega ao Círculo Zútico naquela tarde, Cabaner está justamente ao piano, no meio de uma sessão de improviso, uma arte na qual é excelente e que fascina a todos. Eles conversam um pouco e então Cabaner mostra-lhe um pequeno texto de sua autoria que ele mesmo musicou: "Soneto de sete números". Existe, garante, uma relação evidente entre a gama de sons e a das cores: o dó corresponderia ao amarelo, o ré ao verde, o mi ao azul, o fá ao violeta, o sol ao rosa, o lá ao vermelho e o si ao laranja. E ele desafia Rimbaud a também escrever um soneto mostrando a equivalência não entre as cores e as notas, mas entre as cores e as vogais do alfabeto...

Intrigado, Rimbaud promete pensar no assunto, antes de revelar que não tem onde dormir. Por acaso, Cabaner não teria um quarto, ou um canto qualquer no prédio, onde ele pudesse passar a noite?

Cabaner não tem muito a oferecer, além de um sofá no fundo de um depósito, mas com a condição de que Rimbaud aceite ajudá-lo no bar, encarregando-se da louça e da limpeza do local. É certamente melhor do que nada. E é uma garantia de poder permanecer perto dos zutistas, dentre os quais a maior parte era simpatizante da Comuna e obstina-se agora a acreditar que um outro movimento popular do mesmo porte ressurgirá em pouco tempo.

Nos primeiros dias, Rimbaud cumpre relativamente bem suas tarefas. Atreve-se até mesmo a escrever uns vinte poemas desbocados e jocosos no *Álbum zútico*. Com o gosto pela derrisão que o caracteriza, agrada-lhe assinar alguns deles com o nome de outro poeta, acrescentado em seguida suas próprias iniciais ou então abertamente seu nome completo: Armand Silvestre, François Coppée (diversas vezes), Louis Ratisbonne, Louis Belmontet, considerado como o arquétipo parnasiano, ou Léon Dierx, a quem atribuiu três quadras batizadas "Os lábios cerrados".

Existe em Roma, na Sistina,
Coberta de emblemas cristãos,
Uma caixinha coralina
Com uns narizes anciãos:

De velhos ascetas tebeus;
De clérigos do Santo Graal,
Onde a noite se abscondeu,
Com o cantochão sepulcral.

E em toda essa secura mística,
Pela manhã é introduzida
Um quê de imundície cismática
Que a pó fino foi reduzida.*⁴

Diverte-se também a parodiar Verlaine no *Álbum zútico*, intitulando seu breve pastiche "Festa galante":

Tolo Arlequim
Coçando assim
Sob seu fraque.

E a Colombina,
  Que o alucina —
– Dó, mi, – ataque!

Nosso galã
Em seu afã,
Solta um bom traque...**⁵

No entanto, logo começa a se aproveitar da sua situação de garçom para esvaziar às escondidas garrafas de vinho, rum, bitter e absinto. Além disso, quando não está de acordo com alguém, mostra-se grosseiro e vulgar, chegando a injuriar a pessoa. A maioria dos zutistas com certeza não é

---

* Il est à Rome, à la Sixtine,/Couverte d'emblèmes chrétiens,/Une cassette écarlatine/Où sèchent des nez fort anciens://Nez d'ascètes de Thébaïde,/Nez de chanoines du Saint-Graal/Où se figea la nuit livide,/Et l'ancien plain-chant sépulcral.//Dans leur sécheresse mystique,/Tous les matins, on introduit/De l'immondice schismatique/Qu'en poudre fine on a réduit. (N.E.)

** Rêveur, Scapin/Gratte un lapin/Sous sa capote.//Colombina/– Que l'on pina! –/– Do, mi, – tapote//L'oeil du lapin/Qui tôt, tapin,/Est en ribote... (N.E.)

casta, mas concorda que Rimbaud – Rimbe, como Verlaine passou a chamá-lo familiarmente – não se encaixa dentro de sua alegre sociedade. Até mesmo Cabaner, que se gaba de ter ideias avançadas e que é conhecido por suas excentricidades, é obrigado a concordar.

Expulso mais uma vez, Rimbaud confina-se numa pensão sórdida na esquina da Rue Campagne-Première e do Boulevard d'Enfer, em frente ao cemitério do Montparnasse.

Instala-se ali com Louis-Henri Forain, mais conhecido como Jean-Louis Forain, um caricaturista, desenhista e pintor originário de Reims, dois anos mais velho do que ele. Rimbaud o conheceu no Círculo Zútico e, tal como o jovem poeta, o artista não tem dinheiro nem recursos, a não ser pelo fato de que Forain ganha alguns trocados desenhando anúncios publicitários para jornais e motivos para leques. Formado pela École des Beaux-Arts, onde foi aluno na classe de Jean-Baptiste Carpeaux, tem predileção pelos temas inusitados e em geral confere aos personagens que pinta ou desenha uma espécie de rigor irônico. E não se priva de criar, em suas aquarelas realçadas de guache, uns "ragus de cores cuidadosamente condimentadas" a fim de obter, "por meio de casamentos e encontros inesperados de tons"[6], efeitos bastante espetaculares, um pouco como Degas.

Mal Rimbaud se instala na Rue Campagne-Première, recebe a notícia do nascimento de Georges, o filho de Paul Verlaine e Mathilde Mauté de Fleurville, em 30 de outubro de 1871.

O anjo do escândalo

Rimbaud logo descobre um bar embaixo de sua nova moradia e é ali que costuma refugiar-se. E é ali que Verlaine vem encontrá-lo cada vez com mais frequência.

Verlaine está aborrecido. Sua vida mudou por completo, confessa, desde que Rimbaud chegou a Paris. Está consciente de que nunca mais voltará a ser o mesmo homem com a esposa. Acreditara honestamente que o nascimento do filho os reaproximaria, mas a situação piorou. Numa casa que mais parece um berçário, Mathilde e ele brigam o dia todo. Quanto a seus sogros, não os suporta mais. Aliás, revela, tem ido dormir com frequência na casa de sua boa mãe, viúva há sete anos, na Rue de Lécluse, no bairro de Batignolles.

Essas lamúrias fazem Rimbe sorrir. Ele não consegue entender o que Verlaine ainda está esperando para se separar da mulher e ir viver a verdadeira vida, a vida temerária, apaixonante, excitante, que deveria ser a de todo poeta digno desse nome. Consegue imaginar-se perfeitamente bem dividindo-a com ele, partindo para a aventura em sua companhia pelos caminhos da França e do mundo. Em busca de outros cenários, de outras civilizações, de outras pessoas. Lá onde "fermentam os rubores do amor", lá onde a noite é "verde ofuscada nas neves", lá onde a cada dia produz-se o "despertar amarelo e azul dos fosforescentes cantores". Em busca de:

> Geleiras, sóis de prata, fluxos nacarados, céus ardentes!
> Medonhos naufrágios em golfos misteriosos;
> Onde serpentes gigantes devoradas por percevejos
> Despencam de árvores tortas com perfumes negros!*[1]

E imagina-se muito bem longe de tudo, como um "barco ébrio":

---

* Glaciers, soleils d'argent, flots nacreux, cieux de braises!/Échouages hideux au fond des golfes bruns/Où les serpents géants dévorés des punaises/Choient, des arbres tordus, avec de noirs parfums! (N.E.)

Às vezes, mártir cansado dos polos e das zonas,
O mar cujas marolas deixavam meu balanço suave,
Oferecia-me flores sombrias com ventosas amarelas
E eu ali ficava, como uma mulher ajoelhada...

Quase ilha, balançando em meus bordos as querelas
E os excrementos de aves maledicentes de olhos louros,
E eu vogava, quando entre minhas frágeis cordagens,
Afogados desciam para dormir, recuando!...

Ora, barco perdido entre as penas das asas,
Lançado pelo furacão no éter sem aves,
Eu, que os navios ou os veleiros das Hansas
Não teriam salvo a carcaça ébria da água;

Livre, fumegante, surgindo das brumas violetas,
Perfurei o céu inflamado como um muro
Carregando, iguaria deliciosa aos bons poetas,
Os líquens do sol e os ranhos do firmamento;

Eu navegava, maculado de lúnulas elétricas,
Prancha louca, escoltada por hipocampos pretos,
Quando julhos punham abaixo a golpes de clava
Os céus ultramarinos em crateras ardentes;

Eu tremia, sentindo gemer a cinquenta léguas
O cio dos Beemotes e os vigorosos sorvedouros,
Eterno fiandeiro de imobilidades azuis,
Sinto saudades dos velhos cais da Europa!

Vi arquipélagos siderais e vi ilhas
Cujos céus delirantes abriam-se ao vogador:
– É nas noites sem fundo que dormes e te ilhas,
Milhões de aves de ouro, ó futuro Vigor?*[2]

---

* Parfois, martyr lassé des pôles et des zones,/La mer dont le sanglot faisait mon roulis doux/Montait vers moi ses fleurs d'ombre aux ventouses jaunes/ Et je restais, ainsi qu'une femme à genoux..../Presque île, ballottant sur mes bords les querelles/Et les fientes d'oiseaux clabaudeurs aux yeux blonds./ Et je voguais, lorsqu'à travers mes liens frêles/Des noyés descendaient dormir, à reculons!//Or moi, bateau perdu sous les cheveux des anses,/Jeté par l'ouragan dans l'éther sans oiseau,/Moi dont les Monitors et les voiliers des Hanses/N'auraient pas repêché la carcasse ivre d'eau;//Libre, fumant, monté de brumes violettes,/Moi qui trouais le ciel rougeoyant comme un mur/Qui porte, confiture exquise aux bons poètes,/Des lichens de soleil et des (continua)

Ele toma a mão de Verlaine, apertando-a contra a sua. Sem que possa explicar o que está acontecendo, sente-se terrivelmente atraído por esse homem infeliz, e este, como por osmose, lança-lhe um olhar carregado de doçura.

Alguns minutos depois, Rimbaud e Verlaine fazem amor no quarto da pensão da Rue Campagne-Première. Rimbaud descobre a embriaguez da carne, a volúpia dos sentidos. Tem a impressão confusa de ter se comportado como esposo, como marido – um marido que vem de súbito ofuscar uma rival. Essa rival leva o pesado nome de Mathilde e, ainda que ela nunca lhe tenha feito nada, ele a execra.

Eles não se falam. Escutam em silêncio, deitados lado a lado, todos os barulhos do prédio, o rumor surdo da cidade batendo contra a claraboia, acima da cabeça deles. Até que se ouvem estalidos na escada anunciando a volta de Forain, ou melhor, Gavroche, como seus amigos o apelidam.

À medida que as relações com Mathilde tornam-se mais difíceis e tensas, Verlaine exibe um modo de vestir cada vez mais desleixado, passando às vezes uma semana inteira sem trocar de roupas, como se quisesse, a todo custo, imitar os trapos de Rimbaud, cheirar tão mal quanto ele. Na verdade, eles começaram a formar um curioso casal que as pessoas apontam na rua e sobre quem comentam, onde quer que apareçam juntos em Paris.

No dia 15 de novembro, eles parecem verdadeiros beberrões ao chegarem juntos ao Théâtre de l'Odéon, agarrando-se pelo pescoço, para assistir a uma representação de *Bois*, um idílio em um ato e em versos do poeta e comediante normando Albert Glatigny, autor das *Vignes folles*, de 1860, e de *Les Flèches d'or*, de 1864 – antologias de poemas que Verlaine

---

morves d'azur;//Qui courais, taché de lunules électriques,/Planche folle, escorté des hippocampes noirs,/Quand les juillets faisaient crouler à coups de triques/Les cieux ultramarins aux ardents entonnoirs;//Moi qui tremblais, sentant geindre à cinquante lieues/Le rut des Béhémots et les Maelströms épais,/Fileur éternel des immobilités bleues,/Je regrette l'Europe aux anciens parapets!///J'ai vu des archipels sidéraux! et des îles/Dont les cieux délirants sont ouverts au vogueur:/– Est-ce en ces nuits sans fond que tu dors et t'exiles,/ Million d'oiseaux d'or, ô future Vigueur? (N.E.)

admira sobremaneira e que não hesitou em recomendar a Rimbe. Na mesma ocasião, ressaltou também que Glatigny, contando apenas 32 anos, teve a oportunidade de conhecer Baudelaire em pessoa e teve o privilégio extraordinário de receber seus cumprimentos calorosos.

Enquanto todos os outros homens vestem seus melhores costumes pretos com gravatas brancas e todas as mulheres compõem-se em suas mais elegantes roupas, Rimbaud e Verlaine aparecem sujos e nojentos. Eles riem sem parar, batem-se nos braços e nos ombros. Parecem dois colegiais barulhentos no recreio da escola. Ou melhor: dois mendigos perdidos no meio da alta sociedade parisiense. Não é preciso mais nada para que Edmond Lepelletier, sob o pseudônimo de Gaston Valentin, relate, em tom jocoso, na edição do dia seguinte do jornal *Le Peuple souverain*:

> O Parnaso estava completo, circulando e conversando no *foyer*, sob os olhares de seu editor, Alphonse Lemerre. Notava-se de um lado e de outro o louro Catulle Mendès, oferecendo o braço ao flavo Mérat. Léon Valade, Dierx, Henri Houssaye conversavam aqui e acolá. O poeta saturnino*, Paul Verlaine, dava o braço a uma encantadora jovem, a srta. Rimbaut [sic].[3]

Ao soltar esse breve comentário à imprensa, Lepelletier procurava antes de mais nada *chamar à razão* Verlaine – que conhecera nos bancos do liceu Bonaparte e de quem permaneceu o amigo mais próximo – segundo o velho adágio: "Quem bem ama, bem castiga". Pensou também em Mathilde. Mas a mensagem não produziu os efeitos desejados. Muito pelo contrário. Cada vez mais Verlaine e Rimbaud são vistos juntos, exibindo-se sem vergonha nem compostura, chamando atenção.

Rimbe, ademais, exorta seu companheiro a decidir de uma vez por todas. Ou ele ou Mathilde. Não pode ficar bancando o

---

* Em *Rimbaud*, de Jacques Castelnau (Tallandier, 1944), aparece "poeta saturnal Paul Verlaine".

esposo infeliz na Rue Nicolet e depois vir jogar-se em seus braços para se consolar. Rimbaud recusa-se a ser apenas um porto seguro, o salvador de um covarde, de um poltrão incapaz de tomar uma decisão. Aliás, por volta do fim do ano, fica contente de saber que Verlaine deve fazer uma viagem a Paliseul, uma aldeia nas Ardenas belgas, a fim de receber uma pequena herança do lado paterno da família. Talvez, pensa consigo, Verlaine aproveite a oportunidade para resolver a questão de seu casamento...

No início de março de 1872, durante o costumeiro jantar dos Vilains Bonshommes, que dessa vez acontece no mezanino de um restaurante da Place Saint-Sulpice, na esquina da Rue Bonaparte com a Rue du Vieux-Colombier, os dois amantes apresentam-se mais uma vez agarrando-se pelo pescoço. Os convidados, já sentados, fingem não notar nada, mas a atmosfera na sala fica bruscamente menos cordial. Apesar do mal-estar, conversam sobre vários assuntos e, como quer o costume desde a fundação da confraria em janeiro de 1869, alguns deles, escrevinhadores e poetastros, são convidados a ler entre um prato e outro alguns trechos dos últimos textos que compuseram.

Naquela noite, o orador é o poeta Auguste Creissels, um jovem colaborador da novíssima revista de Jean Aicard: *La Renaissance littéraire et artistique*. Creissels imaginou um poema marcial que batizou de "Soneto do combate" e que começa a declamar como se recitasse um monólogo de Corneille em um palco de teatro.

Ter de escutá-lo, aguentar as frases indigestas, as rimas elementares (por exemplo "a Reforma" rimando com "a forma"), constitui um suplício para Rimbaud. Ele se levanta de súbito, urra um "merda" estrondoso e repete esse palavrão ao fim de cada um dos versos pronunciados por Creissels.

Murmúrios de desaprovação percorrem a assembleia. Stéphane Mallarmé, que acaba de publicar fragmentos de sua *Hérodiade* no *Le Parnasse contemporain* e que não está acostumado com banquetes tumultuados, arregala os olhos.

Émile Carjat pede que Rimbaud se cale e o chama de canalha. No mesmo instante, Ernest d'Hervilly levanta-se e o insulta por sua vez. "Patife imbecil", vocifera espumando de raiva, o que lhe vale uma salva de insultos indecentes em troca.

Os impropérios mais rudes são lançados então de ponta a ponta da sala. No auge da exasperação, fora de si, Carjat precipita-se bruscamente para cima de Rimbaud, puxa-o pelo braço e o põe para fora. Quando os ânimos se acalmam um pouco, Creissels conclui a leitura de seu poema. E é enfim gratificado com alguns "bravos!".

Escondido em um canto do vestíbulo, Rimbaud espera o fim do jantar e a saída dos convidados. Quando vê surgir Carjat, brande uma bengala-espada que encontrou no vestiário e o fere na mão e na virilha. É um empurra-empurra e uma gritaria. Querem chamar a polícia. Verlaine, que sai naquele momento da sala do restaurante, consegue desarmar o amigo. Eles não trocam nenhuma palavra. Rimbaud escapa com rapidez, atravessa correndo a Place Saint-Sulpice e desaparece na noite.

O incidente abala todo o Quartier Latin. Forain inspira-se para desenhar um retrato de Rimbaud com o rosto doce e sereno e a seguinte legenda: "Quem brinca com espinhos arranha-se".

Os Vilains Bonshommes acusam unanimemente Verlaine. Eles o recriminam por proteger Rimbaud em demasia e deixá-lo abusar de sua boa vontade, enquanto o garoto não passa de um imbecil que não faz nada da manhã à noite e vive inteiramente às suas custas. Eles não se opõem a que Verlaine continue participando de suas reuniões e dos banquetes mensais. Porém, se quiser vir, terá de ser só. Em suma, Rimbaud tornara-se *persona non grata*.

A tal ponto que o "flavo" Albert Mérat, um dos primeiros Vilains Bonshommes e um dos primeiros zutistas, recusa-se a aparecer a seu lado em um quadro de grandes dimensões que estava sendo executado pelo pintor Henri Fantin-Latour – no ateliê que ocupa há quatro anos no fundo de um pátio da Rue des Beaux-Arts – para comemorar o quinquagésimo aniversário do nascimento de Baudelaire em 1821. No mesmo espírito, ele havia pintado alguns anos antes uma homenagem a Eugène Delacroix.

Por não ter conseguido reunir, como teria preferido, os grandes nomes da literatura francesa contemporânea – Victor Hugo, Théophile Gautier, Jules Barbey d'Aurevilly e Théodore de Banville –, Fantin-Latour contentou-se com alguns dos Vilains Bonshommes: Léon Valade, Émile Blémont, Jean Aicard, Ernest d'Hervilly, Pierre Elzéar (cujo verdadeiro nome era Elzéar Bonnier, um ex-zuavo voluntário), Camille Pelletan, Albert Mérat e o casal Verlaine-Rimbaud – no fim das contas um grupo de escritores quase desconhecidos do grande público. Fantin-Latour gostaria que Albert Glatigny figurasse também, mas este partira em janeiro com uma trupe de comediantes ambulantes para uma turnê no sul da França.

De fato, quando o quadro – intitulado de modo totalmente prosaico de *Canto de mesa* – foi apresentado no Salão de 1872, o retrato de Albert Mérat, previsto para ficar no canto direito, havia sido substituído por um grande buquê de flores. Com sua cabeleira castanha desgrenhada, o olhar luminoso, o rosto jovem repousando sobre a mão esquerda, Rimbaud tem ares de querubim. Verlaine, logo à sua esquerda, com a fronte calva e os olhos sombrios, parece absorto em seus pensamentos. Atrás deles, Pierre Elzéar, com uma cartola enfiada na cabeça, dá a impressão de querer ignorá-los. Do lado direito, Camille Pelletan dá-lhes abertamente as costas.

Em meados de março, Rimbaud fica surpreso de receber em seu endereço, na Rue Campagne-Première, uma carta de sua mãe. Ela lhe suplica para acabar com suas libertinagens e para voltar de imediato para Charleville. Ele se abre com Verlaine, pergunta quem pode ter informado o endereço à sua mãe e contado o que ele anda fazendo em Paris.

Depois de colher informações aqui e ali, Verlaine resume toda a história: a pedido de Mathilde, a sra. Mauté de Fleurville enviou à sra. Rimbaud uma carta na qual acusava seu filho vagabundo de todos os pecados do mundo. E essa terrível megera, acrescenta, não teve a coragem de colocar sua assinatura embaixo da carta de denúncia. Um golpe bem baixo – tão baixo como o de uma personagem sem caráter saída diretamente das *Mémoires* de Vidocq.* Que bruxa! Como pôde chegar a esse ponto?

Após longas conversas, os dois amigos combinaram o seguinte: Rimbe iria para a casa da mãe pelo tempo suficiente para tranquilizar Mathilde, seus amigos e familiares. Então, no momento adequado, Verlaine o faria voltar escondido de todos e eles poderiam se rever.

Um acordo de aparências, mas ainda assim um acordo fechado.

---

* Eugène-François Vidocq (1775-1857): criminoso francês, que se tornou detetive da polícia. Em sua autobiografia, conta como chegou a ser o primeiro chefe da segurança francesa. (N.T.)

Plano de fuga

Em Charleville, nada mudou.

Ou melhor, ninguém mudou. A sra. Rimbaud sempre tão rigorosa. Ernest Delahaye sempre tão amável e tão acomodado. Charles Bretagne sempre tão barrigudo e anticonformista, eterno frequentador do Café Dutherme, sob as arcadas da Place Ducale. A maioria da população de Charleroi sempre tão cheia de si.

A exceção é a irmã mais velha de Rimbaud, Vitalie, que completou catorze anos e revela belas formas, tendo perdido a fisionomia sem graça de uma garotinha.

No início, Rimbaud não fica tão infeliz de ter voltado à sua cidade natal e escreve diversos poemas – o que praticamente não havia feito nesses últimos meses em Paris, onde tivera contato direto e permanente com tantos escritores. Um desses poemas ele intitula "Vogais", baseando-se nas correspondências cromáticas e musicais assinaladas por Ernest Cabaner e que o marcaram sobremaneira. Ele fica bastante satisfeito e acredita que talvez tenha inventado, além de novos vocábulos dos mais sugestivos, "um verbo poético acessível, um dia ou outro, a todos os sentidos".[1]

> A negro, E branco, I rubro, U verde, O azul: vogais,
> Algum dia contarei seu nascimento latente:
> A, negro corpete aveludado de moscas radiantes
> Que bombineiam em torno de fedores cruéis,
>
> Golfos de sombra; E, candores de vapores e matizes,
> Lanças de geleiras orgulhosas, reis brancos, frêmitos de umbrelas;
> I, púrpuras, sangue escarrado, riso de belos lábios
> Na cólera ou nas bebedeiras penitentes;
>
> U, ciclos, vibramentos divinos dos mares virides,
> Paz dos pastos semeados de animais, paz das rugas
> Que a alquimia imprime nas largas faces estudiosas;

O, supremo Clarim cheio de estridores estranhos,
Silêncios atravessados por Mundos e Anjos:
– O, o Ômega, raio violeta de Seus Olhos!*[2]

Porém, a correspondência que troca com Verlaine e Forain (aos cuidados de Bretagne, que serve de caixa postal) deixa-o cada vez mais nostálgico. Ainda mais porque, em uma carta de 2 de abril escrita no Café de la Closerie des Lilas, Verlaine pergunta-lhe quando, diabos, eles poderão afinal empreender juntos o seu "caminho da cruz".[3] E mais ainda quando em outra carta, enviada no mês seguinte, ele o conjura a voltar sem demora, a "apoderar-se" dele assim que se encontrarem, mas tendo o cuidado de "fazer com que, ao menos por algum tempo, seu aspecto seja menos terrível que antes". Em outras palavras: "roupas limpas, sapatos engraxados, cabelos penteados, pequenos gestos".[4]

Por meio das cartas que chegam a ele, Rimbaud também fica sabendo que o casamento de Verlaine continua indo de mal a pior. Em seu íntimo, só pode alegrar-se. Ele havia previsto, ele sabia, e sua certeza atiça consideravelmente o desejo urgente que sente de voltar a Paris. Sem contar que sua mãe insiste, já que ele desistiu de continuar seus estudos, para que ele procure um trabalho em Charleville e o importuna todos os dias com a mesma história.

Trabalhar? Nunca. Ele detesta "todos os ofícios", julga-os "ignóbeis". Não quer se tornar nem chefe, nem operário, nem camponês. "A mão na pena", que "vale a mão no arado"[5], é tudo o que importa. Tudo o que importa para *ele*. A menos que o trabalho seja em um jornal, num jornal republicano como o *Progrès des Ardennes*, de Émile Jacoby.

---

* A noir, E blanc, I rouge, U vert, O bleu: voyelles,/Je dirai quelque jour vos naissances latentes:/A, noir corset velu des mouches éclatantes/Qui bombinent autour des puanteurs cruelles,//Golfes d'ombre; E, candeurs des vapeurs et des teintes,/Lances des glaciers fiers, rois blancs, frissons d'ombrelles;/I, pourpres, sang craché, rire des lèvres belles/Dans la colère ou les ivresses pénitentes;//U, cycles, vibrements divins des mers virides,/Paix des pâtis semés d'animaux, paix des rides/Que l'alchimie imprime aux grands fronts studieux;//O, suprême Clairon plein des strideurs étranges,/Silences traversés des Mondes et des Anges:/– O l'Oméga, rayon violet de Ses Yeux! (N.E.)

Graças a Bretagne, que lhe arranja dinheiro, ele consegue comprar uma passagem de trem e, no início do mês de junho, embarca mais uma vez rumo à capital. Assim que desce do trem na estação de Estrasburgo, precipita-se para o Cluny, um bar no Boulevard Saint-Michel frequentado por Verlaine, onde eles marcaram de se encontrar.

Forain, o Gavroche, assiste ao reencontro dos dois poetas. Ele tem a estranha impressão de estar em presença de dois velhos bêbados determinados a se encharcar. E essa euforia chega a seu paroxismo algumas horas mais tarde quando sobem juntos, de braços dados, a um quarto do Hôtel d'Orient, na esquina da Rue Monsieur-le-Prince com a Rue Racine. Rimbaud ocupa esse quarto por cerca de quinze dias até arranjar um outro, miserável, no Hôtel de Cluny, na Rue Victor-Cousin, na esquina da Place de la Sorbonne, perto do Café du Bas-Rhin, dando para a Rue Soufflot. E é instalado nesse pardieiro que consegue recuperar, graças a Forain, todos os pertences que havia deixado na Rue Campagne-Première, ou Rue Campe, como escrevem e dizem entre eles.

> O quarto está aberto ao céu azul-escuro
> Não há mais espaço: só arcas e baús!
> Fora, a parede está coberta de aristolóquias
> Onde vibram gengivas de duendes.
>
> Pois isso são intrigas dos gênios
> Esses gastos e essas desordens vãs!
> É uma fada africana que fornece
> A amora e as redes dos cantos.
>
> Muitas entram, madrinhas descontentes,
> Em raios de luz sobre os bufês,
> E descansam! O casal se ausenta,
> nada grave, e nada se faz.
>
> O noivo tem o vento que o engana
> Em sua ausência, aqui, o tempo todo.
> Mesmo os espíritos das águas, malignos,
> Entram vagar nas esferas da alcova.

A noite amiga, ó, a lua de mel
Colherá sorrisos e encherá
De mil bandós de cobre o céu.
E então hão de se ver com a ratazana esperta.

– Se não vier um fogo-fátuo abatido,
Como um tiro de fuzil, após as vésperas.
– Ó espectros santos e brancos de Belém,
Encantai, antes, o azul de sua janela.*⁶

Sempre que tem a oportunidade – em geral no fim da tarde, depois de deixar o prédio do Lloyd belga, onde conseguiu um trabalho que o entedia – Verlaine vai se encontrar com Rimbaud. As relações com sua mulher, a "ratazana esperta", deterioraram-se a tal ponto que a companhia de seu amigo ardenense é a única coisa que pode abrandar seus tormentos. Com ele, Verlaine esquece a irritação, as fúrias, os gritos coléricos, as crises de violência. Esquece que já bateu brutalmente em Mathilde diversas vezes, que quase a estrangulou, que a ameaçou com uma faca durante um jantar na casa da mãe dela e que lhe aconteceu até mesmo de arrancar de seus braços o pequeno Georges e lançá-lo contra a parede – por sorte seu gesto louco não terminou em nenhuma catástrofe...

E Rimbaud, muito capcioso, diverte-se atiçando o fogo, seja encorajando-o a não ceder a essa mulher que não vale a pena, seja ridicularizando-o. Ele o ridiculariza até mesmo em público, na rua ou em algum café, e com frequência diante de

---

* La chambre est ouverte au ciel bleu-turquin;/Pas de place: des coffrets et des huches!/Dehors le mur est plein d'aristoloches/Où vibrent les gencives des lutins.//Que ce sont bien intrigues de génies/Cette dépense et ces désordres vains!/C'est la fée africaine qui fournit/La mûre, et les résilles dans les coins.//Plusieurs entrent, marraines mécontentes,/En pans de lumière dans les buffets,/Puis y restent! Le ménage s'absente/Peu sérieusement, et rien ne se fait.//Le marié a le vent qui le floue/Pendant son absence, ici, tout le temps./ Même des esprits des eaux, malfaisants/Entrent vaguer aux sphères de l'alcôve.//La nuit, l'amie oh! la lune de miel/Cueillera leur sourire et remplira/De mille bandeaux de cuivre le ciel./Puis ils auront affaire au malin rat.//– S'il n'arrive pas un feu follet blême,/Comme un coup de fusil, après des vêpres./– Ô spectres saints et blancs de Bethléem,/Charmez plutôt le bleu de leur fenêtre! (N.E.)

Forain, que dispõe agora de um ateliê sob as mansardas do Hôtel Pimodan, no Quai d'Anjou, um edifício magnífico do século XVII onde Baudelaire viveu em 1842. Certa noite, ele também o faz na frente de Jules Mary, um rapaz três anos mais velho que conheceu na escola de Charleville e com quem se encontra às vezes no Quartier Latin por compartilharem a paixão pela literatura. Jules Mary sonha em escrever melodramas para o teatro e romances em folhetim.

Mas Rimbaud não voltou a Paris somente por causa de Verlaine. Voltou também porque deseja que seus poemas sejam publicados em livro. Considerando que desde o tempo de suas aulas de retórica já escreveu um bom número de poemas, seus textos deveriam conter, acredita com convicção, material suficiente para uma bela antologia. No entanto, todas as suas tentativas fracassam. Ninguém quer saber dele, ninguém quer editar a obra de um vagabundo. Nem que seja por conta do autor, como foram as duas antologias de Verlaine, e a exemplo de sua terceira, *La Bonne Chanson*, que Alphonse Lemerre colocou à venda em janeiro, quase dezoito meses depois de imprimi-la. Aliás, por debaixo dos panos, todo mundo ri maliciosamente quando se trata desse livrinho de Verlaine que celebra e exalta o amor de Mathilde... Além disso, com raras exceções, as revistas preferem publicar autores conhecidos e não mais apostam nos iniciantes.

De fato, apenas a *La Renaissance littéraire et artistique*, a revista que é editada por Jean Aicard e que tem Émile Blémont como redator-chefe, aceita inserir em uma de suas edições "Os corvos", um poema sombrio de 24 versos no qual Rimbaud evoca os milhares de mortos da guerra franco-alemã e da Comuna, as vítimas de uma "derrota sem futuro".

Rejeitado, aviltado, banido dos meios literários, acusado de *costumes contrários à natureza*, Rimbaud só tem agora um único desejo: fugir de Paris. Partir. Partir em viagem, o mais longe possível.

Em 7 de julho, ele escreve uma carta a Verlaine para anunciar-lhe sua decisão irrevogável. Contudo, em vez de colocá-la no correio, vai levá-la em mãos à Rue Nicolet.

Já está bem perto quando vê surgir seu amante na soleira da casa dos Mauté de Fleurville. Lança-se então em sua direção e, sem mais delongas, diz que tem a firme intenção de partir imediatamente para a estação e entrar no primeiro trem que estiver saindo para a Bélgica. E então desafia Verlaine a acompanhá-lo.

Agora mesmo. Já.

Parecendo enfeitiçado, sob o efeito de uma incrível bruxaria, Verlaine nem discute. É o tempo de pegar um pouco de dinheiro e alguns pertences sem que Mathilde perceba – ela está doente, trancada em seu quarto – e ei-lo ao encalço de Rimbaud andando a passadas largas em direção à estação do Norte. Dez horas da noite acabam de soar, mas ainda há um trem para Arras.

Os dois *fugitivos* chegam a Arras na madrugada do dia seguinte. Depois de dar uma rápida volta pela cidade e admirar a Grand-Place, eles retornam ao restaurante da estação e pedem algo para comer e beber. Primeiro conversam sobre coisas banais. Mas logo começam a sentir um prazer ferino, para impressionar as pessoas ao redor, em fazer piadas que, enquanto devoram o café da manhã, transformam-se rapidamente em histórias medonhas, contadas em altos brados, de assassinatos e estupros, sobre os quais oferecem "detalhes truculentos" e de que se gabam de ser os autores. Os outros clientes não acreditam no que estão ouvindo. Indignado, um senhor de charuto na boca, tossindo e escarrando, corre para avisar a polícia. Essa chega alguns minutos depois e leva os dois perturbadores da ordem para a Prefeitura, "a mais bela Prefeitura gótica da França".[7]

Diante do delegado encarregado de flagrantes, Verlaine e Rimbaud afirmam ter havido um mal-entendido. O que fizeram de errado? Por que serem detidos como vulgares vadios? Eles acabam admitindo que talvez tenham exagerado um pouco, que não deveriam ter proferido aqueles horrores em público. Para não correr nenhum risco, sobretudo o de perturbar a tranquilidade dos habitantes da cidade – as "pessoas de bem"[8] –, o delegado decide deportar Rimbaud e Verlaine de volta a Paris e encaminha-os diretamente para a estação.

No trem, Rimbaud prepara um plano de fuga. Já que eles não têm passaporte, diz a Verlaine, o mais simples seria, ao desembarcar na capital, correr de pronto da estação do Norte para a de Estrasburgo e comprar passagens para Charleville. Lá, eles procurariam o camarada Bretagne, que tem inúmeros contatos nos quatro cantos das Ardenas e que, sem a menor dúvida, sabe como fazer para atravessar clandestinamente a fronteira belga. Se por acaso esse plano não der certo, acrescenta Rimbaud, existe um outro itinerário que ele conhece bem, pois já o percorreu a pé quase dois anos antes, que passa por Fumay, Vireux e Givet.

O plano não poderia ter dado mais certo. Graças a um condutor que Bretagne recomenda, conhecido em Charleville como tio Jean, Verlaine e Rimbaud são levados de carroça até a fronteira belga. Eles a atravessam em 10 de julho no meio da noite. Então, depois de dormirem algumas horas na beira da estrada, dirigem-se para Couvin e Philippeville. Em seguida, entram em Walcourt e visitam a antiga basílica Saint-Materne, antes de atravessar sucessivamente Berzée, Ham, Jamioulx e chegar enfim a Charleroi, onde Rimbaud fica todo orgulhoso de levar seu companheiro para a Taverne du Cercle e para o Cabaret Vert.

É a felicidade completa – Felicidade com F maiúsculo, que ele expressa num curto poema que deixa sem título:

> Ó estações, ó castelos
> Que espírito é só belo?
>
> Ó estações, ó castelos,
>
> Fiz o encantado estudo
> Da Felicidade e não me eludo.
>
> Viva, a cada vez
> Que canta galo gaulês.
>
> Não sinto mais querer,
> Ocupa-se de meu ser.
>
> O Encanto! tomou alma e corpo
> E dissipará os esforços.

O que entender de minha fala?
Ele faz que ela fuja e voa!

Ó estações, ó castelos!*[9]

Depois de Charleroi, seus passos – passos de peregrinos pelas estradas vicinais das regiões de Hainaut e Brabant na Valônia – conduzem-nos a Nivelles, onde admiram a imponente Igreja de Sainte-Gertrude, cujas fundações remontam ao século VII.

Eles não estão com pressa e nada os apressa, ainda que o destino final de sua despreocupada peregrinação seja Bruxelas. Além disso, o tempo está lindo, e é agradável parar, descansar e dormir em qualquer lugar: num campo, num bosque, numa cabana, numa granja e por que não numa pousada rural, no cruzamento de duas estradas...

Assim trambolhando, alcançam enfim as portas de Bruxelas em 21 de julho, o dia da festa nacional belga.

---

* Ô saisons, ô châteaux,/Quelle âme est sans défauts?//Ô saisons, ô châteaux,//J'ai fait la magique étude/Du Bonheur, que nul n'élude.//Ô vive lui, chaque fois/Que chante son coq gaulois.//Mais! je n'aurai plus d'envie,/Il s'est chargé de ma vie.//Ce Charme! il prit âme et corps,/Et dispersa tous efforts.//Que comprendre à ma parole?/Il fait qu'elle fuie et vole!//Ô saisons, ô châteaux! (N.E.)

Com os comunalistas

Rimbaud e Verlaine hospedam-se no Grand Hôtel Liégeois, um estabelecimento de cinquenta quartos situado no cruzamento da Rue du Progrès com a Rue des Croisades e a Place des Nations, de frente para a estação do Norte. É Verlaine quem escolhe o hotel, pois já estivera ali com sua mãe em agosto de 1867, na época em que visitou Victor Hugo na Place des Barricades.

Os dois amigos sentem-se bem; não podem imaginar o que poderia perturbar sua felicidade. Dois dias depois de chegar em Bruxelas, Verlaine leva Rimbaud para conhecer os comunalistas exilados em 1870 e 1871.

Há décadas – na realidade desde 1830, o ano memorável de sua independência –, a Bélgica tem a reputação de ser uma nação de liberdade, igualdade, segurança e calma. A Constituição de 7 de fevereiro de 1831 proclama, além dos direitos individuais, as liberdades de consciência, de culto, de imprensa, de reunião, de associação, de justiça e de educação, sem submeter os costumes a qualquer medida preventiva. E isso explica em grande parte por que homens e mulheres, obrigados a fugir de suas próprias nações por necessidades políticas ou financeiras, refugiam-se de bom grado nesse país.

Expulso de Paris após publicar artigos sediciosos na imprensa, Karl Marx mudou-se para Bruxelas em 1845, logo seguido de seu cúmplice, Friedrich Engels. Após o golpe de estado de 2 de dezembro de 1851, Victor Hugo desafiou Luís Napoleão Bonaparte e expatriou-se da mesma forma. Menos de uma semana mais tarde, acompanhado de seu secretário, Noël Parfait, Alexandre Dumas seguiu seu exemplo. Porém, no caso do autor de *A Dama de Monsoreau*, ele estava endividado até o pescoço e assediado por seus credores. Esse também foi o caso de Charles Baudelaire e do editor de *As flores do mal*, Auguste Poulet-Malassis, que, à beira da falência, foi encarcerado por seis meses na prisão de Clichy antes de optar por viver na Bélgica.

Na capital belga e nas redondezas imediatas, contam-se mais de 1,2 mil comunalistas. Muitos deles residem ali com nomes e passaportes falsos. Em geral, vivem de trabalhos ocasionais em ateliês da cidades ou nos novos subúrbios que a cercam: Schaerbeek, Saint-Josse-ten-Noode, Etterbeek, Saint-Gilles, Anderlecht, Koekelberg, Molenbeek-Saint-Jean, Laeken e Ixelles, onde Poulet-Malassis viveu de 1863 a 1869 e onde, em 1867, publicou clandestinamente *Les Amies*, uma antologia de poemas eróticos de Verlaine sob o pseudônimo de Pablo de Herlagnez. Com uma tiragem de apenas sessenta exemplares, a obra foi apreendida na fronteira pela alfândega francesa.

Na realidade, os exilados formam dois campos bem distintos em Bruxelas: de um lado, os que renunciaram para sempre a seus ideias revolucionários; de outro, os que continuam acreditando, como é o caso de Georges Cavalier. Apelidado Pipe-en-Bois (cachimbo de madeira) por causa de seu físico ingrato, Georges Cavalier tem formação de engenheiro, tendo estudado na École Polytechnique e na École des Mines. Ele foi um dos colegas de Jules Vallès na revista literária e política *La Rue*, de 1867 a 1868, e depois no *Le Peuple*. Também trabalhou no gabinete de Léon Gambetta em 1870. Condenado a dez anos de exílio, ganha a vida dando aulas particulares de matemática.

Outro comunalista que Verlaine conheceu bem e que ele encontra em Bruxelas é Benjamin Gastineau. Ex-colaborador do jornal *La Voix du peuple*, de Joseph Proudhon, antigo diretor da biblioteca Mazarine em Paris, foi condenado à deportação por contumácia. Benjamin Gastineau é autor de edições críticas de Mirabeau e Voltaire, de relatos de viagem, de peças de teatro como *Génies de la liberté*, um texto incendiário que os mesmos editores de *Os miseráveis* em Bruxelas publicaram em 1865 e que causou grandes rumores.

Esse segundo campo de comunalistas, o campo dos irredutíveis, continua tendo voz através de jornais políticos ou satíricos, tais como *La Trique* ou *La Bombe*. Tal "bomba", como indica claramente seu slogan, "explode todos os sábados".

Os comunalistas costumam reunir-se em alguns dos vários cafés de Bruxelas, onde as excelentes cervejas belgas correm ligeiro, ainda que nem sempre sejam do gosto dos estrangeiros. Entre as versões de tipo faro, muito amarga, e a cerveja branca de Louvain, turva e adocicada, a forte Puytzet, a acerba lambic, a defumada stout e a bock tradicional, espumosa e comparável à cerveja de Munique, a escolha é ampla.

Eles são vistos principalmente na Taverne Saint-Jean, na rua de mesmo nome, na Grande Brasserie de Bohême, na Rue de l'Écuyer, no Hôtel des Brasseurs, na Grand-Place ou no Au Jeune Renard, na Rue de la Collégiale, um estabelecimento dirigido pela viúva Lintermans, uma figura original e bem conhecida dos noctívagos. A menos que estejam na Taverne Guillaume, na Place du Musée, onde se serve cerveja inglesa, ou no Café de l'Horloge, na Avenue Marnix, perto do Boulevard du Régent e da Porte de Namur, um bairro bastante frequentado pelos comunalistas.

Conhecê-los em tais lugares, questioná-los, conversar na companhia deles, isso excita Rimbaud e Verlaine. Sem contar que cada refugiado tem uma história terrível e extraordinária para contar. Ao ouvi-las, Rimbaud é acometido por uma miríade de imagens fortes e lamenta não ter estado em Paris quando as pessoas lutavam nas ruas. E logo a vida na capital belga parece-lhe *florescente* e inspira-lhe um poema de dez quadras que batiza naturalmente de "Bruxelas", não sem precisar em epígrafe que sugere a atmosfera do Boulevard du Régent:

> Platibandas de amarantos até
> O agradável palácio de Júpiter.
> – Sei que, nesses lugares, Tu
> Mesclarás teu Azul quase de Saara.
>
> E então, pelo sol, rosa e abeto
> E liana jogaram jogos fechados,
> A gaiola da viuvinha!... Tantos
> Bandos de pássaros! Aros, aros!...
>
> – Calmas mansões, velhas paixões!
> Quiosque da Louca por afeição.
> Após as nalgas das roseiras, o balcão
> Sombrio e muito baixo de Julieta.
>
> – A Julieta lembra-me a Henrieta,
> Bela estação de estrada de ferro,

Num monte como no fundo dum pomar
Onde mil diabos azuis dançam pelo ar!

Banco verde onde canta, na guitarra,
A branca irlandesa ao paraíso de borrasca.
Vem da sala de jantar guianesa
Conversas de crianças e de gaiolas.

A janela do duque faz com que eu pense
No veneno das lesmas e dos buxos
Que dormem aqui ao sol. E então,
É belo demais! Guardemos silêncio.

– Bulevar sem movimento nem comércio,
Mudo, só os dramas e as comédias,
Reunião de cenas infinitas,
Eu te conheço e te admiro em silêncio.

É uma almeia?... Nas primeiras horas azuis
Será destruída como as flores mortas...
Diante da esplêndida extensão em que se sente
O sopro da cidade florida imensamente!

É belo demais! Mas é necessário
– Para a Pescadora e a canção do Corsário,
E porque as últimas máscaras acreditam
Ainda nas festas noturnas do mar puro!*[1]

---

* Plates-bandes d'amarantes jusqu'à/L'agréable palais de Jupiter./– Je sais que c'est Toi qui, dans ces lieux,/Mêles ton bleu presque de Sahara!//Puis, comme rose et sapin du soleil/Et liane ont ici leurs jeux enclos,/Cage de la petite veuve!.../Quelles /Troupes d'oiseaux, ô ia io, ia io!...//– Calmes maisons, anciennes passions!/Kiosque de la Folle par affection./Après les fesses des rosiers, balcon/Ombreux et très bas de la Juliette.//– La Juliette, ça rappelle l'Henriette,/Charmante station du chemin de fer,/Au coeur d'un mont, comme au fond d'un verger/Où mille diables bleus dansent dans l'air!//Banc vert où chante au paradis d'orage,/Sur la guitare, la blanche Irlandaise./Puis, de la salle à manger guyanaise,/Bavardage des enfants et des cages.//Fenêtre du duc qui fais que je pense/Au poison des escargots et du buis/Qui dort ici-bas au soleil. /Et puis/C'est trop beau! trop! Gardons notre silence.//– Boulevard sans mouvement ni commerce,/Muet, tout drame et toute comédie,/Réunion des scènes infinie/Je te connais et t'admire en silence. /Est-elle almée? ...aux premières heures bleues/ Se détruira-t-elle comme les fleurs feues.../ Devant la splendide étendue où l'on sente/ Souffler la ville énormément florissante!// C'est trop beau! c'est trop beau! mais c'est – nécessaire/ – Pour la pêcheuse et la chanson du Corsaire./ Et aussi puisque les derniers masques crurent/ Encore aus fêtes de nuit sur la mer pure (N.E.)

Quanto a Verlaine, esse contato com os comunalistas refugiados em Bruxelas dá-lhe a sensação de mergulhar novamente no centro da atmosfera superexitante das barricadas. A tal ponto que se pergunta se não deveria escrever um livro sobre os horrores cometidos pelo exército dos versalheses.

Sem refletir bem, ele envia uma carta à esposa, pedindo-lhe para que mande ao Grand Hôtel Liégeois anotações que redigiu na época, guardadas com outros papéis pessoais em uma das gavetas de seu escritório na Rue Nicolet. Contudo, a resposta que recebe dois dias depois o desconcerta: Mathilde anuncia que está a caminho de Bruxelas com a mãe e que tem a intenção de arrancá-lo de seu "triste relacionamento" – desse relacionamento que, segundo ela, deve "infalivelmente conduzi-lo à loucura"[2] – e levá-lo de volta a Paris. E pede-lhe para reservar dois quartos para elas.

Quando toma conhecimento do ocorrido, Rimbaud bombardeia Verlaine de reprimendas. Foi estúpido, vocifera ele, escrever a Mathilde. Ridículo. Imperdoável. Como tal ideia pode ter-lhe ocorrido? E acrescenta que eles devem escapar dessa terrível armadilha custe o que custar! Pois trata-se de uma armadilha, com toda certeza!

Alguns dias mais tarde, quando revê no Grand Hôtel Liégeois a mulher que abandonou sem uma palavra quase quatro semanas antes, Verlaine enche-se de ternura. Ele se lança em seus braços, assegura-lhe que a ama, que nunca deixou de amá-la, que sente saudades do filho Georges, que deseja tão somente se tornar um bom marido e um bom pai de família... Parecendo enfeitiçado, faz amor com Mathilde e, em meio às carícias, aos arrependimentos, aos choros e às lamentações, promete-lhe reintegrar o domicílio conjugal.

> Eu ainda a vejo. Entreabro a porta.
> Deitada na cama, como cansada.
> Com o corpo leve que o amor transporta,
> Lança-se a mim nua, alegre e magoada.
>
> Ó que beijos e que carícias loucas!
> Ria feliz por entre minhas lágrimas.

Estas loucas horas serão de todas,
As mais tristes, mas também as mais almas.

De seu riso, quero apenas reter,
E de seus olhos, nesta circunstância,
E de você, enfim, meu malquerer,
De seu ledo ardil, a doce lembrança.*³

Mathilde fala a Verlaine sobre a Nova Caledônia. Sugere que eles poderiam mudar-se para lá com o filho por alguns anos. Não ficariam "em má companhia", pois tanto a *revolucionária* Louise Michel, sua antiga professora primária, quanto Henri Rochefort, o jornalista fundador da revista *La Lanterne*, vivem naquele país, e Verlaine teria "todos os elementos de que precisasse para escrever seu livro sobre a Comuna".⁴

No dia seguinte, Rimbaud, que passou a noite em outro quarto do hotel, é o primeiro a chegar à estação de trem do Midi, no extremo oposto da cidade. Ele se esconde atrás de uma coluna, na entrada da sala de espera, e aguarda a chegada de Verlaine, de Mathilde e da sra. Mauté de Fleurville. Quando enfim os avista, ele os segue até a plataforma de embarque e sobe discretamente no mesmo trem.

Rimbaud salta na estação de Quiévrain, a cidade fronteiriça, vinte quilômetros ao sul de Mons, no coração das minas de carvão de Borinage, pouco antes de os funcionários da alfândega procederem ao controle de passaportes e à inspeção das bagagens. Com um sorriso irônico no canto dos lábios, ele está confiante. Sabe que a qualquer momento Verlaine virá reunir-se a ele e que juntos voltarão para Bruxelas.

Este foi o plano que arquitetaram. Não: o plano que ele *impôs* a Verlaine, quase à força. Um plano de que se orgulha e que o deleita.

---

* Je vous vois encor. J'entr'ouvris la porte. /Vous étiez au lit comme fatiguée. /Mais, ô corps léger que l'amour emporte, /Vous bondîtes nue, éplorée et gaie.//Ô quels baisers, quels enlacements fous! /J'en riais moi-même à travers mes pleurs. /Certes, ces instants seront, entre tous, /Mes plus tristes, mais aussi mes meilleurs.//Je ne veux revoir de votre sourire /Et de vos bons yeux en cette occurrence /Et de vous enfin, qu'il faudrait maudire, /Et du piège exquis, rien que l'apparence. (N.E.)

De fato, dois ou três minutos mais tarde, Verlaine aparece. Com um chapéu de feltro afundado na cabeça, o rosto escorrendo de suor, ele se precipita em direção a seu jovem companheiro. Anuncia-lhe com uma voz estrondosa que escapou do trem com destino a Paris e que está, de uma vez por todas, livre de sua mulher e da sinistra família dela.

Rimbaud não pode impedir um só sorriso: tudo se passou como ele previra...

Na mesma noite, os dois amigos estão de volta a Bruxelas, bebendo no Au Jeune Renard. Bebem tudo a que têm direito, e só voltam para o Grand Hôtel Liégeois no alvorecer do dia, completamente embriagados. Nos dias que se seguem, eles continuam se exibindo nos cafés e bares da cidade, e não hesitam, nem mesmo na rua, a se comportar como namorados. Verdadeiros namorados, aliás, o que não agrada em absoluto aos comunalistas, um tanto rigorosos no que se refere às questões morais.

E não agrada tampouco às autoridades belgas.

Muito embora Bruxelas seja uma cidade livre e defenda ferozmente a liberdade, não se aceita que badernerios venham perturbar a ordem pública. Nesse ponto, o prefeito, Jules Anspach, é intransigente. Os serviços de inteligência mantêm, inclusive, uma ficha atualizada de cada um dos estrangeiros que residem no território nacional. E, entre eles, é claro, os comunalistas e todas as pessoas que os visitam e conspiram com eles.

Logo a polícia belga começa a se perguntar quem são exatamente esses dois *zievereirs** chamados Arthur Rimbaud e Paul Verlaine, sempre tão expansivos e nunca vistos um sem o outro. Estão ainda mais curiosos porque receberam uma carta de Charleville na qual um senhor Rimbaud** roga que os agentes do reino procurem seu filho que "fugiu da

---

* "Energúmenos" em bruxelense.
** A sra. Rimbaud costumava assinar suas cartas V. Rimbaud, o V ao mesmo tempo de Vitalie e de viúva. A polícia belga poderia então pensar que a carta tivesse sido escrita por um homem.

residência familiar em companhia de um homem chamado Verlaine, Paul".*[5]

Um inquérito é rapidamente instaurado.

O inspetor Dielman é designado pela administração da Segurança Pública para dirigi-lo. Ele recolhe informações e redige um relatório a seus superiores. Contudo, nas conclusões que lhes envia em 6 de agosto, em vez de dizer que Verlaine está hospedado no Grand Hôtel Liégeois, na Rue du Progrès, número 1, ele confunde os estabelecimentos e indica o Hôtel de la Province-de-Liège, que fica perto dali, na Rue du Brabant, atrás da estação do Norte.

Resultado: Rimbaud e Verlaine têm a sorte de não serem indiciados nas fichas da polícia do reino. Desse modo, Verlaine escapa de uma condenação por corrupção de menor. Mas isso faz com que percebam rapidamente que não têm interesse em prolongar a estadia em Bruxelas junto aos comunalistas e decidem continuar sua viagem aventureira pela Bélgica.

Primeiro eles visitam Malines e sua catedral gótica Saint-Rombaut, cuja única torre atinge 125 metros de altura. Depois, como turistas comuns, seguem para Gand e Bruges, onde passam uma longa semana. No entanto, logo outro destino, outra cidade e outro país os atraem: Londres e a Inglaterra.

No dia 7 de setembro, em Ostende, eles embarcam num vapor com destino a Douvres.

Assim que o barco se afasta da costa, Rimbaud fica fascinado pelo mar, que até então nunca havia visto. Durante a travessia, escreve um curto poema em prosa a que chama simplesmente de "Marinha".

> Os carros de prata e cobre –
> As proas de aço e prata –
> Batem a espuma, –
> Erguem os cepos das sarças.

---

* Na carta enviada em 6 de agosto de 1872 pelo comissário chefe de polícia à administração da Segurança Pública, está escrito: "em companhia de um jovem chamado Verlaine Paul". Porém, a palavra "jovem" está rasurada.

As correntes da landa,
E os enormes sulcos do refluxo,
Escapam circularmente para o leste,
Rumo aos pilares do bosque, –
Rumo aos fustes do cais,
Cuja borda é golpeada por turbilhões de luz.*⁶

---

* Les chars d'argent et de cuivre –/Les proues d'acier et d'argent –/Battent l'écume, –/Soulèvent les souches des ronces./Les courants de la lande,/Et les ornières immenses du reflux,/Filent circulairement vers l'est,/Vers les piliers de la forêt,/Vers les fûts de la jetée,/Dont l'angle est heurté par des tourbillons de lumière. (N.E.)

No coração de Lan'dan

Assim que Rimbaud e Verlaine chegam a Londres, na noite de 8 de setembro de 1872, eles se dirigem à Langham Street, ao ateliê de Félix Régamey, um antigo Vilain Bonhomme.

Como Verlaine, Félix Régamey nasceu em 1844. Estudou na École des Beaux-Arts antes de partir em viagem pela América e pela Ásia. Ao voltar, colaborou em diversos jornais e periódicos ilustrados de Paris, como o *Le Journal amusant* e *La Vie parisienne*. Bastante envolvido com as atividades da Comuna, optou por se exilar na Inglaterra, onde as pessoas sempre apreciaram desenhistas de humor e caricaturistas. De fato, graças a seu talento e a seu senso agudo do traço realista, à maneira de Daumier, conseguiu encontrar trabalho com facilidade. Contribui em particular para o *The Illustrated London News*, jornal que tem uma importante distribuição.

Régamey conhece Verlaine há anos. Esteve inclusive presente em seu casamento com Mathilde, em 11 de agosto de 1870, na Notre-Dame de Clignancourt, ao lado de Louise Michel e seu amigo comum François Anatole Thibault, que adotou o pseudônimo de Anatole France. Mas vê-lo acompanhado de Rimbaud não lhe agrada nem um pouco, e não tem a menor intenção de hospedá-los em sua casa, sobretudo após ter ouvido o relato do escândalo que o pequeno cafajeste provocou durante o jantar mensal dos Vilains Bonshommes em janeiro passado – o "caso Carjat", como os amigos referem-se ao ocorrido... Ainda assim, fornece a seus visitantes um endereço: um quarto modesto situado na Howland Street, atrás da Tottenham Court Road, que acaba de ser desocupado por Eugène Vermersch, outro comunalista.

Eugène Vermersch é um ano mais jovem que Verlaine. Filho de um soldado de Lille, sua cidade natal, iniciou no jornalismo em 1863. Anticonformista ferrenho, já foi preso duas vezes por atentado à moral e aos bons costumes. Após relançar, com uma variação ortográfica, o jornal radical, *Le*

*Père Duchêne**, foi condenado por contumácia à pena capital em 1871. De início, ele se refugiou por alguns meses em Bruxelas, depois nos Países Baixos e na Suíça. Instalou-se enfim em Londres, onde fundou o *Qui vive?*, um periódico no qual publicou textos justificando sem reservas o uso da violência e do terrorismo revolucionário. Também lançou o *Vermersch Journal* e o *L'Union démocratique*, mas sem nenhum sucesso.

Como acabou de casar-se, há apenas alguns dias, com uma adorável costureira holandesa, filha de um de seus impressores, Vermersch fica radiante de poder ceder seu quarto aos *inseparáveis* Rimbaud e Verlaine. Aliás, ao contrário de Régamey, gosta bastante dos dois. E tem consciência de que as ideias sediciosas que preconiza, pelas quais luta com unhas e dentes, interessam e cativam até mesmo Rimbe.

Nas primeiras semanas, numa espécie de "orgia de explorações e prazeres"[1], Rimbaud passa a maior parte do tempo descobrindo Londres, percorrendo a cidade em todas as direções, inclusive ao longo das docas mal-afamadas do Tâmisa (esse "imenso redemoinho de lama" atravessado de pontes "babilônicas", nas palavras de Vermersch), andando pelos bairros mais miseráveis e mais sórdidos. Ele admira monumentos e construções arquitetônicas, como a Torre de Londres, a Catedral de Canterbury, o gigantesco Crystal Palace, em Sydenham Hill, e visita os museus.

Não deixa de passar pelo museu de cera de Madame Tussaud, perto da estação Baker Street, que acaba de abrir para o público e atrai todos os dias, até mesmo à noite, à luz de lampiões a gás, uma multidão de visitantes. Em uma das salas, ele tem a oportunidade de ver relíquias de Napoleão Bonaparte, como o carro no qual o imperador chegou a Waterloo e que Madame Tussaud, que é francesa, comprou a preço de ouro dos prussianos. E não se esquece de visitar a *chamber of horrors* onde está exposta a lâmina da guilhotina sob a qual rolaram as cabeças de Luís XVI e Maria Antonieta.

---

* *Le Père Duchesne* foi um jornal extremamente radical que circulou durante a Revolução Francesa. Eugène Vermersch foi um dos redatores da nova série editada durante a Comuna de Paris, que contou com 68 números. (N.T.)

Quase todas as noites, ele e Verlaine vão ao teatro assistir a grandes peças clássicas de Shakespeare e Sheridan, ou então assistem a representações em inglês de operetas francesas, pelas quais os londrinos são aficionados. *La Princesse de Trébizonde* e *Le Roi Carotte*, de Jacques Offenbach (que acabam de ser montadas em Paris), *L'Œil crevé*, de Hervé, *Les Cent Vierges*, de Charles Lecocq... Eles frequentam também os cafés-concertos onde (de maneira muito bizarra a seus olhos) as pessoas dançam agitadamente entre dois "God Save the Queen"...

Assim que o espetáculo termina, eles vão acabar a noite em algum pub do Soho ou num restaurante de Leicester Square, onde esvaziam copos com comunalistas decididos a voltar para a França o mais rápido possível a fim de dar prosseguimento ativo ao combate político.

Quando as discussões parecem esfriar, Vermersch é sempre o primeiro a reavivá-las com arrebatamento e uma nova enxurrada de argumentos de peso. Nessas horas, ele é a virulência em pessoa e ataca todo mundo, sendo encorajado pelo amigo Prosper Olivier Lissagaray, que ficou conhecido em 1870 pela publicação do *Catéchisme républicain*. Amigo de Karl Marx e de sua filha Eleanor, Lissagaray acaba de começar a redação de uma vasta história da Comuna para a qual já reuniu uma volumosa documentação.*

Algumas noites, Rimbaud e Verlaine também encontram Camille Barrère, amigo de Vermersch e um dos colaboradores do *Qui vive?*, além de Ludomir Matuszewicz, um antigo coronel do exército francês, franco-maçom convicto, de quem não sabem muito bem o que pensar, pois profere discursos quase sempre enigmáticos, ambíguos e contraditórios. Ou ainda Jules Andrieu, outro conhecido de Verlaine, que trabalhou nos Serviços Públicos da Comuna e que agora sustenta a família (uma mulher e três filhos) dando aulas de latim e de literatura francesa a crianças da alta burguesia inglesa. Jules Andrieu

---

* Esse livro, *Histoire de la Commune de 1871*, foi publicado em Bruxelas por Kistemaeckers, em 1876. (N.A.) No Brasil, a *História da Comuna de 1871* foi editada pela editora Ensaio em 1991. (N.T.)

adora contar que teve o imenso privilégio de pegar alguns dos bens que Thiers possuía em sua mansão de Paris...

O que mais impressiona Rimbaud é a incrível modernidade de Londres, essa megalópole vibrante, efervescente, eclética e cosmopolita, uma aglomeração de mais de quatro milhões de pessoas, sem contar os subúrbios. É a circulação incessante de carros, táxis, ônibus, bondes, trens que passam de um lado para o outro sobre gigantescas pontes de ferro. É a atmosfera de verdadeira liberdade que reina e que não é exatamente análoga à de Bruxelas. Como testemunham as reuniões políticas no Hyde Park, onde cada um tem o direito de expressar suas opiniões e manifestar, caso deseje, sua oposição ao governo.

Na Inglaterra não existe visto de entrada. O governo de William Gladstone, o primeiro-ministro da rainha Vitória, não aceita nenhum pedido de extradição da parte de líderes estrangeiros. Os jornais não são sujeitos a nenhuma censura e vão direto ao ponto quando se trata de criticar erros políticos graves ou injustiças e condenar um celerado.

Rimbaud percebe rapidamente que a maior parte dos comunalistas que vivem em Londres – como, aliás, a dos que havia encontrado em Bruxelas – começa a vê-lo com maus olhos e que sua relação amorosa com Verlaine suscita reprovação e repulsa. Quando não ódio escancarado... Ele pensa que o fato de não ter participado da Comuna, de não ter lutado pela causa por meio de textos ou com armas em punho, não contribui a seu favor.

Além disso, correm rumores alarmistas segundo os quais informantes e espiões de Thiers teriam se infiltrado nos meios frequentados pelos franceses exilados em Londres e que não hesitariam em fazer uso da força para repatriá-los clandestinamente, sem o conhecimento das autoridades da Coroa. Ludomir Matuszewicz estaria entre os informantes...

Ao mesmo tempo, as coisas não estão tranquilas em seu *casamento*, e o pouco dinheiro de que Verlaine dispunha ao desembarcar na Inglaterra já foi praticamente todo gasto.

Trabalhar?

Rimbaud não tem a mínima vontade. E deixa a Verlaine o encargo de procurar uma ocupação rentável. Quer seja como jornalista, professor particular de francês ou tradutor de uma empresa comercial qualquer: para ele é indiferente. Assim como não faz caso de saber que sua mãe foi alertada por uma carta em forma de súplica, escrita por Verlaine, na qual este teve a petulância não apenas de mencionar suas desavenças com Mathilde, mas também de pedir dinheiro.

Por outro lado, sente que está cada vez mais difícil aguentar as incessantes lamentações de Verlaine a respeito de sua mulher (que pediu oficialmente a separação na justiça parisiense) e dos Mauté de Fleurville. A seu ver, eles estariam disseminando mentiras e calúnias a fim de influenciar a Corte de modo a que Verlaine fosse condenado a pagar uma pensão alimentícia exorbitante. Além disso, os pais de Mathilde estariam se recusando, por pura maldade, a enviar os pertences pessoais de Verlaine deixados na Rue Nicolet: roupas, quadros, gravuras, desenhos, cartas, fotografias... E uma enorme quantidade de manuscritos. Um deles é o magnífico poema que Rimbaud lhe confiou em novembro de 1871, intitulado *La Chasse spirituelle*. Como se assegurar de que todos esses textos não serão destruídos?

Rimbaud não para de censurar Verlaine por sua covardia e sua deplorável mentalidade de pequeno-burguês, o que deixa a situação cada vez mais tensa, sendo raros os momentos de descontração. Como quando pensam nos tempos em que ainda erravam juntos pelos campos belgas, "alimentados com o vinho das cavernas e os biscoitos do caminho"[2], e que a seus olhos existia apenas a "parada selvagem".

No fim do mês de novembro, Rimbaud toma uma decisão importante: abandona Verlaine a seus inesgotáveis dilemas, lágrimas e lamentos e volta à casa da mãe em Charleville, com uma cartola na cabeça, como qualquer... inglês burguês que se preze...

Para a sra. Rimbaud, esse retorno ao lar é um enorme alívio. Ela não titubeia em declarar ao filho a que ponto esteve ansiosa e triste durante sua longa ausência, contando-lhe que chegou a procurar Mathilde Verlaine em Paris a fim de pedir notícias. Uma viagem que infelizmente não deu muito resultado, pois a jovem e seus pais mostraram-se bastante desagradáveis para com ela – para não dizer rudes e hostis.

Rimbaud, por outro lado, arrepende-se em poucos dias desse retorno precipitado, pois Charleville parece-lhe um vilarejo ainda menor do que era quando comparado a Londres – "Lan'dan", como pronuncia. Além disso, os alemães ainda ocupam a cidade, e as ruas ficam desertas quando soa o toque de recolher às cinco horas da tarde. A própria Place Ducale, majestosa e venerável, adquire um ar sinistro ao crepúsculo, como se estivesse abandonada aos espectros e assombrada por cortejos de sombras. Ele procura Delahaye e Bretagne, que lhe anunciam a publicação de "Os corvos" na edição de setembro da *La Renaissance littéraire et artistique*. Agrada-lhe beber e conversar com os velhos amigos, mas tem a estranha impressão de que eles não são mais os mesmos.

A menos que tenha sido ele quem mudou. A menos que, aos dezoito anos, já tenha se tornado adulto – um adulto consideravelmente mais maduro do que muitos adultos *de verdade*.

Ele continua a se questionar sobre seu destino quando, em janeiro de 1873, chega de Londres uma carta de Verlaine. Este escreve que nunca esteve tão infeliz em toda a sua vida, que sofre demais sem Rimbaud e que está *à morte*, assolado pela tristeza, pela mágoa e pelo abandono. Em suma: implora que o rapaz venha socorrê-lo com urgência.

Rimbaud percebe então que também sente saudades, saudades atrozes, de seu amigo, de seu poeta, de seu *esposo infernal*.* Graças a uma pequena quantia que a mãe de Verlaine consente em lhe enviar, após ser advertida do estado de depressão profunda no qual o filho está imerso, ele volta a Londres em meados de janeiro, para grande desgosto da sra. Rimbaud.

Quando chega à Howland Street, fica surpreso de esbarrar justamente com a mãe de Verlaine, Stéphanie Verlaine,

---

* Esse é o título de um dos textos de *Uma temporada no inferno* (Trad. Paulo Hecker Filho. Porto Alegre: L&PM, 2008, p. 49).

então com 64 anos, e com uma das sobrinhas do poeta, Victorine Dehée. As duas mulheres também acorreram à cabeceira de seu querido e adorado Paul, pensando que ele estivesse agonizando. Mas Paul não está *à morte*, como escreveu. Nem sequer se encontra doente. Está tão somente prostrado. Incapaz de enfrentar seus problemas conjugais, seus impulsos, suas contradições, o turbilhão aterrorizante de seus desejos.

A vida comum logo recomeça. Dessa vez, entretanto, Rimbaud resigna-se a trabalhar. Mas nada exagerado. Apenas algumas horas de aulas de francês por semana a alguns raros alunos. O que é, indiretamente, uma excelente maneira de se aperfeiçoar na língua de Shakespeare. A fim de dominá-la melhor, ele se inscreve em março na imponente biblioteca do British Museum, a mais vasta do mundo.

Ele a visita com frequência, no pavimento térreo da Great Russell Street, onde muitas vezes se encontra com Prosper Olivier Lissagaray. Procura ler autores anglo-saxões, como Thomas William Robertson, William Thackeray e George Eliot, dos quais a maioria das obras não tem tradução francesa. Ou o sensível Algernon Charles Swinburne, cujos poemas pré-rafaelitas, assim como os de inspiração política, agradam-lhe muito, mesmo que as sutilezas do inglês ainda lhe escapem. Em um gênero completamente diferente, também lê Karl Marx.

No entanto, a biblioteca recusa-se a lhe entregar as obras do *divino* Marquês de Sade, para as quais é necessária uma autorização especial. Quem pode lhe conseguir tal autorização, ele ignora. Tudo bem. Ele viverá sem o marquês. E se contentará em imaginar o conteúdo.

A mulherzinha

Rimbaud volta a escrever. Compõe essencialmente textos curtos, em prosa ou em verso livre, na mesma linha do *Spleen de Paris*, de Baudelaire. Na maior parte, são bastante herméticos, uma literatura de visionário e vidente, na qual, em meio à aparente desordem, transparece com bastante clareza "a ideia obsessiva da evasão, da fuga para longe, para além dos mares"[1] e emanam os múltiplos aspectos da "barbárie moderna". Para defini-los, ele fala de "iluminações", clamando em alto e bom som que elas se afastam dos velhos caminhos batidos. Muitas delas remetem-se a Lan'dan, como "As pontes" – algumas das quais são "retas" ou "arqueadas", enquanto outras descem ou se inclinam obliquamente "em ângulos sobre as primeiras", e outras ainda "sustentam mastros, sinais, frágeis parapeitos".

Em "Cidades", Rimbaud *pinta* uma Londres sublimada, quase fabulosa e fantástica, um pouco como se descrevesse um extraordinário desenho de Grandville, e por essa razão, consciente do que expressa, coloca o título no plural:

> A acrópole oficial exagera as mais colossais concepções da barbárie moderna. Impossível expressar a luz mate produzida pelo céu imutavelmente cinza, o brilho imperial das construções e a neve eterna do solo. Reproduziram aqui, numa curiosa predileção pela enormidade, todas as maravilhas clássicas da arquitetura. Assisto a exposições de pintura em locais vinte vezes mais vastos que a Hampton Court. Que pintura! Algum Nabucodonosor norueguês mandou construir as escadas dos ministérios; os subalternos que pude ver já são mais orgulhosos que [brâmanes*], e eu tremo ao aspecto dos guardiães de colossos e dos oficiais de construções. Pela maneira como os edifícios foram agrupados em torno de praças, largos e jardins, os cocheiros foram eliminados. Os parques representam a natureza primitiva trabalhada por uma arte suntuosa. O bairro alto tem partes inexplicáveis: um braço

---

* A palavra está ilegível no manuscrito, não é certo que seja "brâmanes".

> de mar, sem barcos, balança um lençol de geada azul entre os cais repletos de candelabros gigantes. Uma ponte curta conduz a uma poterna localizada imediatamente sob a cúpula da Sainte-Chapelle. Essa cúpula é uma estrutura artística de aço com aproximadamente quinze mil pés de diâmetro.[2]

Mais adiante, nesse mesmo texto, ele compara Londres a uma "rotunda de um único estilo, com galerias e arcadas" onde as "lojas encerram dramas um tanto sombrios".[3]

Quando toma conhecimento dessas "iluminações", Verlaine faz cara feia. Não crê que Rimbaud tenha realmente revolucionado as regras tradicionais da arte poética e não titubeia em dizer-lhe isso. Rimbaud replica que insistirá nesse caminho, pelo qual tem absoluta certeza de que ninguém enveredou antes dele, e tem a sólida intenção de *inventar* outros textos do mesmo tipo. Afirma ter muitos temas na cabeça: a infância, a juventude, a errância, as vigílias, os inúmeros rumores dos subúrbios, as festas, as cenas líricas e tudo o que engendra as "paradas da vida"...

Uma divergência de pontos de vista estritamente literária. Nada grave. Em todo caso, nada comparado aos violentos conflitos sentimentais que o opõem a seu amigo e que, na grande maioria das vezes, têm relação com Mathilde.

Será que essa comédia de costumes, lacrimosa e medíocre, acabará um dia?

Em 4 de abril, certo de que poderá convencer a mulher a renunciar a um processo de separação, Verlaine deixa bruscamente Londres e, no cais de Sainte-Catherine, embarca em um dos vapores que, duas vezes por semana, após curtas paradas em Ramsgate e no porto holandês de Flessingue, vai direto para Anvers. De lá, pretende seguir de trem até Bruxelas e então ir por Namur e Givet até Sedan, onde tem a esperança de trazer Mathilde.

Sozinho em Londres, Rimbaud continua a dar aulas de francês, mas logo percebe que não conhece ainda suficientemente o inglês para atribuir-se o título de professor de línguas. Como não tem mais condições de pagar o aluguel do apartamento da Howland Street e só lhe restam alguns shillings, decide deixar a Inglaterra por sua vez.

Em 12 de abril, chega a Roche, para onde sua mãe se mudou com Vitalie e Isabelle após um incêndio na propriedade familiar, que destruiu a granja, os estábulos e as estrebarias. Imediatamente, escreve diversos textos – alguns ainda na forma de rascunho e outros que se esmera em refinar com todo cuidado. No poema que intitula "Memória", somando quarenta alexandrinos divididos em cinco partes, autoriza-se a suprimir a maiúscula no início de alguns versos, toda vez que não correspondem, segundo a sintaxe, a um início de frase.

Mas logo se pergunta o que veio afinal fazer no meio desse campo triste e desolador, ao lado do qual até mesmo o *burgo* de Charleville ("Charlestown", como gosta de chamar), com sua biblioteca pública, suas poucas livrarias e cafés, tem quase o aspecto de uma capital, assim como confidencia a Ernest Delahaye em uma de suas cartas:

> Mas que entojo! E que monstros de inocência, estes camponeses. À noite é preciso andar duas léguas, ou mais, para beber um pouco. A *Mother* me enfiou num triste buraco. Não sei como sair daqui: mas certamente sairei. Sinto falta dessa atroz Charleroi, do Univers*, da Bibliote etc. No entanto, tenho trabalhado bastante, escrevendo umas historinhas em prosa, título geral: *Livro pagão* ou *Livro negro*. É bobo e inocente. Ó inocência! inocência; inocência, inoc... praga!
> [...]
> Não tenho mais nada a dizer, a *contemplostação* da natureza me *absorcua* por inteiro. Sou teu, ó natureza, ó minha mãe!
> [...]
> Estou abominavelmente entediado. Nem um livro, nem um cabaré ao meu alcance, nem um incidente nas ruas. Esses campos franceses são um horror. Meu destino depende deste livro, para o qual ainda tenho que criar uma meia dúzia de histórias atrozes. Mas como inventar atrocidades aqui?[4]

Como sair dali? Como escapar dessa *praga*?

---

* Trata-se do Café de l'Univers.

Paradoxalmente, a salvação mais uma vez se chama Verlaine.

Temendo ser detido em território francês pelos serviços de inteligência de Thiers – em razão de suas relações com os comunalistas, exibidas tanto na Bélgica quanto na Inglaterra –, Verlaine não ousou atravessar a fronteira: ficou na casa de uma tia em Jéhonville, uma aldeiazinha da província belga do Luxemburgo. E foi dali que enviou uma carta a Rimbaud. Nela, propõe encontrar-se com o jovem em Bouillon – ou "Boglione", como se diverte a escrever –, uma cidade outrora fortificada por Vauban e batizada de "Pérola do Semois", que não fica muito distante de Charleville e Roche. Quanto ao local do encontro, indica o Hôtel des Ardennes, cujo restaurante tem excelente reputação.

Sem pensar duas vezes, sem pesar os prós e os contras, Rimbaud parte.

Durante uma semana, realiza diversas idas e vindas entre Charleville e Bouillon, pegando o trem até Sedan e depois, de Sedan, o carro dos serviços postais. Um dia, vai em companhia de Delahaye; outro dia, em companhia de Bretagne. Essas expedições fazem-lhe bem, e ele recomeça a sentir o desejo de viver novamente junto de Verlaine.

Em 25 de maio, os dois poetas viajam para Liège, onde visitam os monumentos com intenso interesse e passam a noite num hotel próximo à estação dos Guillemins. No dia seguinte, partem para Anvers e tomam o vapor da Great Eastern Railway rumo a Harwich, um itinerário mais longo do que o de outras linhas, que realiza o transporte marítimo entre o continente e a Inglaterra em quinze horas. De novo, Rimbaud é subjugado pelas vagas, a "enorme passagem da corrente", as "luzes extraordinárias"[5] que o mar reflete na embocadura do Escaut.

Ao chegar em Londres, eles alugam um quarto na Great College Street, número 8, uma longa avenida no bairro de Camden Town, junto ao canal do Regent, que se estende ao norte da cidade babilônica até o parque Victoria, um lugar que lhes lembra Bruxelas e onde também mora Eugène Vermersch.

Eles se amam como dois pombinhos. Estão felizes. Ainda mais porque Verlaine recebeu dinheiro de sua mãe e de sua tia. Assim, eles podem sair, ir ao teatro e ao music-hall, frequentar os pubs e os night-clubs da moda, jantar ou cear fora, ainda que não sejam grandes entusiastas da cozinha inglesa. Chegam até mesmo a assistir às suntuosas cerimônias que acontecem em Londres por ocasião da visita do xá da Pérsia, recebido pela rainha Vitória.

Todavia, logo o dinheiro acaba e eles têm de se privar de suas distrações favoritas e voltar a dar aulas de francês aos "angliches" a fim de prover as suas necessidades. Tentam também publicar artigos em jornais londrinos. Sua renda é mínima, mas ao menos eles não afundam na miséria.

As dificuldades financeiras reavivam suas deploráveis querelas. Eles não param de se recriminar mutuamente, de se lançar censuras e insultos, de achar que foi uma infeliz ideia instalar-se em Lan'dan de novo, que deveriam ter ficado em Boglione, distantes do tumulto das megalópoles. Brigam como cão e gato, e às vezes com uma faca na mão.

Em suas discussões, quase cotidianas agora, Verlaine é o que mais reclama. Sempre retoma a questão de suas desavenças conjugais, não para de se queixar de Mathilde, cuja atitude hostil ele insiste em não entender, pois ela o trata como se fosse um leproso. Em muitas ocasiões, ele fala em se suicidar caso sua mulher, obviamente manipulada por seus odiosos pais, continue ignorando suas súplicas. Quando bebe, fica ainda mais desbocado e diz tudo o que lhe vem à mente.

Tudo isso irrita Rimbe ao extremo. Ele juraria estar tratando com um molenga, um medroso, um maricas.

Uma *mulherzinha*.

Em 4 de julho, ao vê-lo voltar do mercado com uma peça de arenque enrolada em um pedaço de jornal amarelado e uma garrafa de óleo debaixo do braço, não consegue mais se controlar. Cai de repente na gargalhada – um alegre riso gozador – e exclama: "Ah! Chegou minha *mulherzinha*! Que cara mais ridícula com essa garrafa e esse peixe!".[6]

Contra todas as expectativas, a *mulherzinha* em questão lhe dá as costas, pega às pressas alguns de seus pertences, que enfia de qualquer jeito numa mala, sai do quarto, precipita-se escada abaixo e, quando chega ao térreo, foge a grandes passadas pelo meio da rua, antes de virar a esquina e desaparecer.

Após um breve momento de incredulidade, Rimbaud lança-se a seu encalço, mas não consegue encontrá-lo. Porém, acredita saber aonde Verlaine foi carregando sua mala: para o cais de Sainte-Catherine, perto da Torre de Londres.

E, de fato, quando finalmente chega ao porto por volta do meio-dia, avista o poeta apoiado à balaustrada de um navio. Rimbaud acena com os braços, exorta-o a voltar. Em vão. Impotente, assiste ao vapor afastar-se do embarcadouro, enquanto ecoam as sirenes...

Ao voltar à Great College Street, constata que Verlaine esqueceu de levar consigo seus livros e manuscritos. Escreve-lhe então imediatamente uma carta chorosa:

> Volte, volte, querido amigo, único amigo, volte. Juro que serei bom. Se fui desagradável, foi uma brincadeira de mau gosto, e estou mais do que arrependido. Volte, logo esqueceremos. Que infelicidade que tenha levado a brincadeira a sério. Choro há dois dias sem parar. Volte. Tenha coragem, querido amigo. Nada está perdido. Só tem que fazer a viagem de volta. Viveremos aqui de novo, corajosamente, pacientemente. Ah! Eu lhe suplico. Aliás, é para o seu bem. Volte e encontrará todas as suas coisas. Espero que saiba que nada de que falei durante nossa briga era verdade. Que momento terrível! Mas por que não veio quando fiz sinais para que descesse do barco? Vivemos dois anos juntos para chegar a isso? O que vai fazer agora? Se não quiser voltar para cá, prefere que eu vá encontrá-lo onde estiver?
> Sim, fui eu que agi mal.
> Ó! Não vai se esquecer de mim, não é?
> Não, não pode me esquecer.
> Eu o tenho sempre em meu coração.
> Diga, responda a seu amigo, não devemos mais viver juntos?
> Seja corajoso. Responda-me depressa.
> Não posso ficar assim por muito tempo.

Escute apenas o seu bom coração.
Depressa, diga-me se posso encontrar-me com você.
Sempre seu,

RIMBAUD[7]

No dia seguinte, ele reitera seu pedido em outra carta de estilo desordenado que é uma espécie de *post-scriptum* da precedente. Seria um "crime", escreve, se Verlaine não quisesse voltar, se insistisse em pensar que sua vida seria mais agradável com outra pessoa que não fosse ele, e especialmente com Mathilde, que só lhe causará mágoas. Rimbaud reconhece que foi ele quem errou, que nunca deveria ter rido da cara do amigo, que "as raivas eram falsas". Ele jura que será "bom no futuro". E acrescenta:

> Apenas comigo você pode ser livre [...]. Lembre-se do que era antes de me conhecer. [...] A única palavra verdadeira é: volte, quero estar com você, eu o amo. Se der ouvidos a isto, mostrará coragem e espírito sincero. De outra forma, terei pena de você.[8]

No mais íntimo de seu ser, entretanto, ele tem dúvidas. Algo lhe diz que Verlaine não voltará a Londres.

Dois tiros em Bruxelas

É pela sra. Smith, a proprietária do quarto da Great College Street, que Rimbaud é informado que, depois de desembarcar no porto de Anvers, Verlaine seguiu para Bruxelas de trem e instalou-se, como de hábito, no Grand Hôtel Liégeois. Rimbaud escreve prontamente para esse endereço que conhece bem e, de novo, pede com insistência para que o amante volte a Londres, onde guardou todos os seus livros e manuscritos "em segurança". Isso, insiste retomando a expressão de sua carta de 7 de julho, seria "uma prova de coragem". E promete, por sua vez, ter doravante "um bom caráter".[1]

Como resposta, recebe um telegrama no qual Verlaine o convida a encontrar-se com ele e no qual dá a entender que quer se alistar como voluntário nas tropas de Don Carlos, na Espanha.

Em 8 de julho, no meio da noite, Rimbaud já está em Bruxelas. No Grand Hôtel Liégeois, para onde se dirige imediatamente, dizem-lhe que Verlaine mudou-se para o Hôtel de la Ville-de-Courtrai, na Rue des Brasseurs, uma rua estreita e um tanto sombria atrás da Grand-Place. Não lhe explicam a razão. Apenas dão a entender que uma mulher, uma mulher de idade, apresentou-se na recepção na véspera e que seu cliente fez as malas e partiu em sua companhia.

Quem será essa mulher?

A mãe de Verlaine? Ou a tia de Jéhonville, que teria vindo trazer dinheiro ao sobrinho? A menos que seja sua própria mãe vinda, sabe Deus por que obscura razão, de Charleville...

A questão o atormenta enquanto caminha para a Grand-Place pelo itinerário mais discreto: Boulevard du Nord, Rue Fossé-aux-Loups (onde morou Paul Durand, o amigo de Georges Izambard), Place de la Monnaie, Rue des Fripiers até a Rue au Beurre. Quando chega ao Hôtel de la Ville-de-Courtrai, vê surgir diante dele a sra. Verlaine mãe, de braços dados com o filho. Ela arregala os olhos e não pode deixar de empalidecer.

Rimbaud e Verlaine precipitam-se um nos braços do outro. Embora sua separação tenha durado apenas quatro dias, eles têm mil coisas a se dizer. Ambos lamentam o que se passou em Londres. Não, juram, isso nunca mais voltará a acontecer. Nunca.

E ainda assim, logo após todos os arrependimentos e as efusões, Verlaine, pela milésima vez, reclama de sua mulher. Fala em se dar um tiro na cabeça caso Mathilde recuse-se a aceitá-lo de volta. Pretende ir à Rue Nicolet anunciar-lhe sua resolução pessoalmente. Declara-se disposto a correr esse risco, ainda que a polícia de Thiers o detenha na fronteira ou em Paris e o jogue na prisão. De qualquer modo, está determinado a partir só. Depois, quando suas questões conjugais estiverem resolvidas, eles encontrarão um jeito, ele e Rimbaud, de se reverem ali em Bruxelas, em Boglione ou em Lan'dan...

Essa maneira de encarar o futuro não agrada nem um pouco a Rimbaud.

Ele também deseja fazer a viagem a Paris. Ainda tem ambições de publicar seus poemas em livro. Está certo de conseguir convencer algum editor. Paul Demeny, que não tem nenhum talento especial, e para limitar-se apenas ao exemplo do amigo de Georges Izambard, Paul Demeny não conseguiu?

Cada um permanece inflexível em sua posição. Verlaine com lamentações e Rimbaud com obstinação.

Apenas sobre um ponto estão ambos de acordo: esvaziar juntos canecos de cerveja, embebedar-se nos bares do bairro. Sem a sra. Verlaine, naturalmente.

Na Grand-Place e nas adjacências, não faltam boas opções. Começam pelo Hôtel des Brasseurs, a menos de cem metros, que já frequentaram muitas vezes no ano anterior. Depois de se sentarem ali por um momento, mudam-se para o Café des Mille-Colonnes, na Place de la Monnaie, cuja enorme sala é decorada no mais puro estilo Império. É o ponto de encontro habitual dos artistas bruxelenses e o primeiro estabelecimento da capital belga a ser equipado com iluminação a gás. Rimbaud e Verlaine ficam à mesa por longas horas e só saem do bar, cambaleantes, no meio da noite.

No dia seguinte, Rimbaud passeia a esmo pelas ruas de Bruxelas. Palavras e frases atravessam-lhe a mente em fragmentos esparsos. À noite, ao voltar para o hotel, transcreve-as em papel.

> Se tenho gosto, é quase só
> Pela terra e pelas pedras.
> Meu almoço é sempre o ar,
> A rocha, o carvão, o ferro.
>
> Minhas fomes, girem, girem,
> Atravessem os trigais,
> Atraiam o alegre veneno
> Da flor-de-pau.
>
> Comam os seixos quebráveis,
> As velhas pedras das igrejas,
> Os biscoitos dos naufrágios,
> Os pães jogados nas cinzas.
>
> O lobo uiva entre a folhagem
> Cuspindo as bonitas penas
> Da sua comida de aves:
> Como ele me consumo.
>
> As saladas ou os frutos
> Só esperam a colheita;
> Mas a aranha do valado
> Não come senão violetas.
>
> Que eu durma! Que eu ferva
> Nos altares de Salomão.
> O caldo escorre na ferrugem
> E se mistura ao Cedrão.*[2]

---

* Si j'ai du goût, ce n'est guère/Que pour la terre et les pierres./Je déjeune toujours d'air,/De roc, de charbons, de fer.//Mes faims, tournez. Paissez, faims,/Le pré des sons./Attirez le gai venin/Des liserons.//Mangez les cailloux qu'on brise,/Les vieilles pierres d'églises;/Les galets des vieux déluges,/Pains semés dans les vallées grises. //Le loup criait sous les feuilles/En crachant les belles plumes/De son repas de volailles:/Comme lui je me consume.//Les salades, les fruits/N'attendent que la cueillette;/Mais l'araignée de la haie/Ne mange que des violettes.//Que je dorme! que je bouille/Aux autels de Salomon./Le bouillon court sur la rouille,/Et se mêle au Cédron. (N.E.)

Rimbaud gostaria que Verlaine desse sua opinião sobre o poema e que fizesse uma crítica objetiva. Não está muito seguro, o discurso não seria obscuro demais, tortuoso demais? Mas Verlaine responde que não tem cabeça para isso, pois Mathilde o obceca. Suicidar-se, eis no que pensa a todo momento. Aliás, anuncia que encontrou uma loja de armas nas Galeries Saint-Hubert, ali perto, e que está pensando em ir comprar um revólver.

Ao acordar no dia 10 de julho, Rimbaud espanta-se de não ver Verlaine a seu lado na cama, no primeiro andar do Hôtel de la Ville-de-Courtrai. Bate na porta do quarto ao lado, onde a mãe de seu companheiro está hospedada, mas ela não sabe informar sobre seu paradeiro.

Na rua, está fazendo calor como raramente se sentiu em Bruxelas. É difícil escrever em tais condições.

Por volta do meio-dia, Verlaine entra de súbito no quarto. Parece nervoso. Evidentemente andou bebendo. Sem mais preâmbulos, tira do bolso uma pistola protegida por um estojo de couro envernizado e mostra-a com orgulho a Rimbaud. Trata-se, declara, de um revólver de excelente qualidade, um sete milímetros com seis balas. Mostra também uma caixa com cinquenta cartuchos. Enquanto isso, leva Rimbaud para almoçar na Maison des Brasseurs, na Grand-Place. Eles esvaziam alguns copos de faro e falam de seus respectivos projetos literários. Verlaine de uma antologia de versos que batizou *Romances sans paroles* e que gostaria de publicar em pouco tempo. Rimbaud de um livro "pagão", do qual já esboçou algumas páginas em Londres. Põe-se então a ler o início transcrito em um pedaço de papel que tira do bolso:

> Antes, se lembro bem, minha vida era um festim em que se abriam todos os corações, todos os vinhos corriam.
> Uma noite, fiz a Beleza sentar em meu colo. E achei amarga. Injuriei.
> Me preveni contra a justiça.
> Fugi. Ó bruxas, ó miséria, ó ódio, a vós meu tesouro foi entregue!

> Consegui fazer desaparecer no meu espírito toda a esperança humana. Para extirpar qualquer alegria dava o salto mudo do animal feroz.
> Chamei o pelotão para, morrendo, morder a coronha dos fuzis. Chamei os torturadores para me afogarem com areia, sangue. A desgraça foi meu deus. Me estendi na lama. Fui me secar no ar do crime. Preguei peças à loucura.[3]

Quando Rimbaud e Verlaine voltam para o hotel, uma hora e meia depois, é mais uma vez para brigar.

O mesmo triste e lamentável refrão, que Rimbaud interrompe bruscamente.

Como se tivesse sido ferido em seu amor-próprio, ele se precipita para o quarto da sra. Verlaine e exige dela vinte francos: o preço de uma passagem de trem de terceira classe de Bruxelas para Paris. Ele grita que não a deixará tranquila e só partirá se ela lhe der essa quantia. E jura que não voltará atrás.

Verlaine agarra Rimbaud pelos ombros e empurra-o de volta para o quarto deles, que tranca a chave.

Rimbaud mantém-se firme. Quer sair dali. Pegar o primeiro trem com destino a Paris na estação do Midi. Imediatamente. Diz com escárnio que já não aguenta mais viver com um pobre coitado, um eterno resmungão como Verlaine. Torrentes de insultos escapam de seus lábios.

A reação de Verlaine é insensata: ele agarra sua pistola, uma *rivolvita*, segundo o termo que utiliza, e atira duas vezes em Rimbe. A primeira bala o acerta no antebraço esquerdo. A segunda passa de raspão e acaba no assoalho.

Após soltar gemidos de dor, Rimbaud desmorona junto ao pé da cama. Ele segura o pulso, de onde jorra sangue, se retorce e, com uma voz suplicante, pede socorro. Percebe então confusamente que estão batendo na porta com toda a força.

No minuto seguinte, vê a sra. Verlaine inclinando-se sobre ele e examinando seu braço. Ela assegura que o ferimento não é grave, mas que seria bom ser examinado por um médico. Verlaine, que recobrou em parte a razão, fala do hospital Saint-Jean, em frente ao Jardim Botânico, por onde se aventurou durante a temporada precedente em Bruxelas. Ao que parece, esse seria o maior e mais moderno hospital da capital. E, pelo que se lembra, basta pegar a Rue du Pachéco para chegar lá.

Apoiado na sra. Verlaine e em seu *agressor*, Rimbaud chega ao hospital após andar por cerca de vinte minutos sob forte calor. Logo é visto por um médico a quem conta, como de explicação, uma vaga história de acidente enquanto tentava limpar uma arma. Por sorte, ninguém pergunta mais nada. Cuidam da ferida, colocam um curativo, dizem que realizarão a extração da bala dentro de dois ou três dias e o deixam voltar para casa.

Quando se encontra com Verlaine e sua mãe na sala de espera, declara-lhes que continua determinado a ir para Paris. No Hôtel de la Ville-de-Courtrai, onde passa para reaver seus pertences, a discussão é retomada com toda força. A sra. Verlaine interrompe a confusão dando a Rimbaud os vinte francos para a viagem.

E o trio encaminha-se para a estação do Midi, passando pela Rue du Lombard.

Verlaine está arrasado.

Subitamente, nas proximidades da Place Rouppe, ele se detém diante de Rimbaud e diz que vai enfiar uma bala na cabeça. E faz o gesto de levar a mão ao bolso...

Temendo que Verlaine pegue sua *rivolvita* e atire de novo nele, Rimbaud faz uma viravolta e corre em direção a um policial, um agente da cidade chamado, por ironia do destino, Michel, como Louise, a famosa comunalista. Apontando para Verlaine, que se mantém imóvel na calçada, Rimbaud declara que está sendo ameaçado de morte por aquele homem.

O trio é levado para a delegacia central, na Rue de l'Amigo. Outra ironia do destino: as janelas do edifício abrem-se para o Hôtel de la Ville-de-Courtrai.

Rimbaud, Verlaine e sua mãe são interrogados, um de cada vez, pelo delegado Joseph Delhalle, um homem ainda jovem e sem muita experiência. Cada um conta sua versão dos fatos, mas as circunstâncias não são das mais favoráveis para

Verlaine. Há o revólver que comprou nas Galeries Saint-Hubert, o ferimento ainda fresco no braço de Rimbaud, as declarações do policial que os encaminhou à delegacia, duas ou três testemunhas que assistiram à cena na Place Rouppe... Em suma: as acusações que pesam sobre Verlaine são devastadoras.

Nos autos que estabelece a seu respeito, Joseph Delhalle escreve que, diante dessas declarações, interpelou o acusado, o qual declarou:

> Cheguei a Bruxelas há quatro dias, infeliz e desesperado. Conheci Rimbaud há mais de um ano. Vivi com ele em Londres, cidade que deixei há quatro dias para vir viver em Bruxelas, a fim de estar mais perto de meus negócios, já que estou me separando de minha esposa, residente em Paris, a qual alega que eu mantenho relações imorais com Rimbaud.
> Escrevi a minha esposa dizendo que caso ela não viesse ter comigo em três dias, eu daria um tiro em minha cabeça, e foi com essa finalidade que comprei o revólver esta manhã na passagem das Galeries Saint-Hubert, com o estojo e uma caixa de balas, pela soma de 23 francos.
> Depois de minha chegada a Bruxelas, recebi uma carta de Rimbaud que me perguntava se podia vir se encontrar comigo. Enviei-lhe um telegrama dizendo que o aguardava, e ele chegou há dois dias. Hoje, ao ver-me infeliz, quis me abandonar. Perdi o controle em um instante de loucura e atirei nele. Ele não deu queixa naquele momento. Fui com ele e minha mãe ao hospital Saint-Jean para que ele recebesse cuidados e voltamos juntos. Rimbaud queria partir de qualquer jeito. Minha mãe deu-lhe vinte francos para sua viagem; e foi no caminho para a estação que ele alegou que eu queria matá-lo.[4]

Joseph Delhalle sublinha com lápis vermelho a frase dos autos "a qual alega que eu mantenho relações imorais com Rimbaud" marcando com um risco vertical também vermelho a margem da página.

Verlaine, que admite ter cedido "a um instante de loucura", é detido sob a acusação de lesão corporal e é imediatamente preso em uma cela da delegacia central. Em Bruxelas, por causa do nome da rua onde fica, que é o mesmo de uma

antiga casa de detenção erguida na época da ocupação espanhola, a prisão é chamada de "Amigo".
    Quanto a Rimbaud e à sra. Verlaine, solicitam-lhes que voltem ao hotel e, segundo a expressão consagrada, mantenham-se à disposição da polícia.

Sangue mau

No dia seguinte, 11 de julho, Rimbaud é examinado novamente no hospital Saint-Jean.* Ao voltar à noite ao Hôtel de la Ville-de-Courtrai, informam-no que recebeu uma intimação a comparecer naquele mesmo dia diante do juiz de instrução do distrito de Bruxelas, Théodore t'Serstevens, um magistrado meticuloso e extremamente legalista. Mas só pode dar seu depoimento na manhã do dia 12.

Rimbaud relata ao magistrado como conheceu Verlaine em Paris, "há aproximadamente dois anos", por que razão partiram juntos para Londres e em que circunstâncias exatas, depois que chegaram a Bruxelas, seu amigo, "como louco", apontou a pistola em sua direção, deu dois tiros contra ele, atingindo-o no pulso esquerdo com a primeira bala. Essa bala, aliás, os cirurgiões não extraíram ainda, pois, conforme um dos médicos disse por ocasião de sua primeira visita ao hospital, ela só poderia ser retirada "dentro de dois ou três dias".

No final, quando o juiz de instrução indaga se ele conhece "o motivo dos desentendimentos entre Verlaine e sua esposa", Rimbaud responde: "Verlaine não queria que sua esposa continuasse a morar na casa do pai dela". E à questão: "Ela não invoca como agravante a intimidade do senhor com Verlaine?", ele responde: "Sim, ela até mesmo nos acusa de relações imorais. Mas não vou me dar ao trabalho de desmentir semelhante calúnia".[1]

Na semana seguinte, ele é convocado a dar um novo depoimento diante de Théodore t'Serstevens. Enquanto isso, o juiz não perdeu tempo: interrogou a sra. Verlaine, conversou com o gerente do Hôtel de la Ville-de-Courtrai e revistou cuidadosamente o quarto onde Verlaine "perdeu o controle em um instante de loucura". Ele também esteve com o comerciante de armas das Galeries Saint-Hubert e com os médicos do hospital Saint-Jean, onde pediu que realizassem

---

* Na época, o atendimento era gratuito em Bruxelas.

um exame corporal meticuloso na pessoa do acusado, que, alguns dias antes, deixara o Amigo e fora transferido para a Casa de Segurança Civil e Militar de Bruxelas, a prisão de Petits-Carmes, na rua do mesmo nome.

> 1º O pênis é pequeno e pouco volumoso – a glande, sobretudo, é pequenina e vai se afinando – estreitando-se em direção à extremidade livre a partir da coroa – esta é pouco proeminente e sem relevo.
> 2º O ânus deixa-se dilatar com bastante facilidade, com um afastamento moderado das nádegas, em uma profundidade de uma polegada aproximadamente. Esse movimento evidencia um infundíbulo estendido, espécie de cone cortado cuja ponta seria em profundidade. As dobras do esfíncter não estão lesadas nem têm marcas de lesões antigas. A contratura permanece *mais ou menos* normal.
> Este exame demonstra que P. Verlaine apresenta evidências de costume de pederastia ativa e passiva. Alguns desses vestígios não são tão marcados a ponto de se suspeitar de *hábitos inveterados e antigos*, mas testemunham práticas relativamente recentes.[2]

Na presença de Théodore t'Serstevens, em 18 de julho, Rimbaud reitera suas declarações anteriores: Verlaine não queria que ele o acompanhasse a Paris, mas "mudava de ideia a cada instante, não se prendia a nenhum projeto". E insiste que seu amigo "estava completamente alucinado: encontrava-se em estado de embriaguez, havia bebido pela manhã, coisa que tem, aliás, o hábito de fazer quando está entregue a si mesmo".[3] Explica ainda que os médicos do hospital Saint-Jean já extraíram a bala de revólver de seu punho e que, segundo eles, o ferimento estaria curado dentro de três ou quatro dias. E, como para provar ao juiz de instrução que é um bom filho de família, informa que pretende voltar sem demora para a França, para a casa da sua mãe, em Charleville.

Ele ignora, porém, que Théodore t'Serstevens mandou revistar seus pertences no hotel e no hospital e que encontrou diversos papéis indicando claramente a natureza da relação entre os dois poetas. Além disso, documentos ainda mais *comprometedores* foram encontrados na carteira de Verlaine e em suas malas. Em particular a recente carta de Rimbaud que começava com as palavras "Volte, volte, querido amigo, único amigo, volte", assim como um curioso poema, datado de maio de 1872 e intitulado "O bom discípulo".

> Estou salvo, estou condenado!
> Um sopro ignoto me envolve.
> Ó terror! Que Deus me salve!
>
> Por que me ataca o Anjo danado,
> Deixando meu ombro inciso
> Enquanto subo ao Paraíso?
>
> Febre amavelmente maligna,
> Doce tormento, bom delírio,
> Sou mártir, sou rei. Minha sina:
> Nasci falcão, mas cisne expiro!
>
> Ó Cioso, por quem aspiro,
> Eis-me aqui, eis-me inteiro!
> Rastejo a ti ainda torpe!
> – Monte às minhas costas, galope!*⁴

Contudo, logo no dia seguinte, em 19 de julho, Rimbaud reconsidera e volta atrás em suas declarações:

> Eu, abaixo assinado, Arthur Rimbaud, dezenove anos, homem de letras, com residência fixa em Charleville (Ardenas, França), declaro, em nome da verdade, que na quinta-feira, dia 10 do presente mês, por volta das duas horas, no momento em que o sr. Paul Verlaine, no quarto de sua mãe, atirou em mim com um revólver, ferindo-me de leve no punho esquerdo, o sr. Verlaine encontrava-se em um estado tal de embriaguez que não tinha consciência de seus atos.

---

* Je suis élu, je suis damné! /Un grand souffle inconnu m'entoure. /Ô terreur! Parce, Domine!//Quel Ange dur ainsi me bourre /Entre les épaules tandis /Que je m'envole aux Paradis?//Fièvre adorablement maligne, /Bon délire, benoît effroi! /Je suis martyr et je suis roi, /Faucon je plane et je meurs cygne.//Toi le Jaloux qui m'as fait signe, /Oui me voici, voici tout moi! /Vers toi je rampe encore indigne! /- Monte sur mes reins, et trépigne! (N.E.)

Que estou intimamente convencido que ao comprar essa arma, o sr. Verlaine não tinha nenhuma intenção hostil contra mim, e que não houve nenhuma premeditação criminosa no ato de fechar a porta do quarto a chave.
Que a causa da embriaguez do sr. Verlaine devia-se tão somente às contrariedades com a atitude da sra. Verlaine, sua esposa.
Declaro ainda oferecer de bom grado minha desistência pura e simples de qualquer ação criminal correcional e civil, e renuncio, a partir de hoje, aos benefícios de qualquer processo judicial que possa vir a ser movido pelo Ministério Público contra o sr. Verlaine pelos fatos em questão.

A. Rimbaud[5]

Rimbaud realiza essa retratação sem reticências ou segundas intenções. Em seu íntimo, é como se estivesse libertando-se definitivamente de Verlaine e virando uma página importante de sua vida. Como se os tiros do Hôtel de la Ville-de-Courtrai, esse último gesto desvairado, esse "último *basta*"[6], abrissem-lhe as portas do futuro e o restituíssem ao que ele nunca deveria ter abandonado desde que deixara a escola: a escrita.

Embora não esteja mais obrigado a ficar à disposição da justiça belga, ele permanece ainda alguns dias em Bruxelas num quarto alugado de uma comerciante de tabaco, na Rue des Bouchers. Ali, deitado em sua cama como se estivesse doente e ainda sofresse com o ferimento do punho, ele posa para um jovem pintor de apenas vinte anos, Jef Rosman. Depois disso, retorna a Charleville e em seguida a Roche onde, negligenciando os trabalhos da fazenda, põe-se de imediato a reunir seus rascunhos e a escrever seu livro "pagão".

São textos meio autobiográficos, meio alucinados, monólogos alternadamente violentos, selvagens, dolorosos e patéticos. E ele não sabe ao certo se brotam do mais profundo do seu ser ou de outro lugar, de um mundo impenetrável, tenebroso e desconhecido. Enquanto escreve, Rimbaud pensa em seu "esdrúxulo casamento", nas explosões de Verlaine tentando "fugir da realidade", em suas brigas tempestuosas e incessantes. Mas ao mesmo tempo tem a sensação – a estranha e inexplicável sensação – de que sua pena corre por conta própria pelo papel, soltando palavras, frases, interjeições, exclamações de modo automático.

O início de "Sangue mau", o primeiro monólogo após um breve preâmbulo, dá o tom:

> Tenho dos meus ancestrais gauleses olhos azul-claros, crânio estreito, imperícia na luta. Minha vestimenta acho tão bárbara quanto a deles, mas não emplastro o cabelo.
> Os gauleses eram os carneadores de animais e queimadores de campo mais ineptos da época.
> Tenho deles a idolatria e o amor pelo sacrilégio. Ó, todos os vícios, cólera, luxúria – magnífica, a luxúria –, sobretudo a mentira e a preguiça.
> [...]
> Mas! quem me fez assim a língua para guiar e salvaguardar até aqui a minha preguiça? Sem me servir para viver de fato do meu corpo, mais ocioso que um sapo, tenho vivido por toda parte. Não há nenhuma família da Europa que eu não conheça. – Refiro-me a famílias como a minha, que pegam tudo da Declaração dos Direitos do Homem. – Conheci cada filho de família![7]

Durante a segunda quinzena do mês de agosto, Rimbaud volta a Bruxelas com o manuscrito de seu "caderno de condenado", *Uma temporada no inferno*. Ele o entrega a Jacques Poot, o editor da *Alliance typographique*, localizada na Rue aux Choux, número 37, uma das inúmeras gráficas do bairro da Place des Martyrs e da Rue du Marais, não muito longe, aliás, do hospital Saint-Jean. Essa tipografia, que edita a revista *La Belgique judiciaire*, foi-lhe certa vez recomendada por Georges Cavalier, apelidado de Pipe-en-Bois, por ficar bem defronte a um bar onde os comunalistas se encontram regularmente.

É claro que a edição será por conta do autor, Jacques Poot anuncia de pronto. Mas Rimbaud não se ofende. Verlaine já o advertira quanto a isso, repetindo diversas vezes que procedeu assim com os *Poemas saturninos*, *As festas galantes* e *La Bonne Chanson*.

A impressão de *Uma temporada no inferno* termina em outubro. Editado com uma capa branca sobre a qual o título se destaca em letras maiúsculas vermelhas, o volume é uma brochura fina em formato in-doze. Tem o aspecto de um opúsculo, totalizando apenas 53 páginas, das quais dezessete estão em branco. O papel é medíocre, mas o "conjunto apresenta-se bem"[8], apesar de um ou outro erro tipográfico.

Infelizmente, porém, Rimbaud não dispõe do dinheiro necessário para receber a obra. Dos quatrocentos exemplares da tiragem, ele retira apenas uma dúzia das mãos de Jacques Poot, o qual promete enviar a Charleville o restante da edição assim que a fatura for paga. Uma dúzia a título de comprovante: para garantir alguma *promoção na imprensa*.

As pessoas às quais Rimbaud oferece sua obra são os amigos de sempre: Ernest Delahaye, Charles Bretagne, Jean-Louis Forain, o Gavroche, Jules Mary, os jovens aprendizes de poeta Jean Richepin e Raoul Ponchon, que conhecera nos jantares mensais dos Vilains Bonshommes, Ernest Millot, um antigo colega de escola...

Sem esquecer Verlaine.

Rimbaud acompanhou mais ou menos o triste destino de seu amante por intermédio de Delahaye. Depois de ser levado, em 8 de agosto, para a casa de detenção dos Petits-Carmes por tentativa de homicídio, Verlaine foi condenado em primeira instância a dois anos de prisão pela seção judiciária de Bruxelas. Ele entrou com um recurso no mesmo dia, mas em 23 de agosto o tribunal confirmou o julgamento, e ele acabava de ser transferido para a prisão de Mons – a cidade natal do compositor Roland de Lassus – na província de Hainaut. Segundo Delahaye, Verlaine seria enviado para as triagens de café e ficaria sob um regime privilegiado, ou seja, seria relativamente bem-alimentado, teria a possibilidade de se corresponder com a família e os amigos e seria beneficiado com a luz acesa na cela até as dez horas da noite. Além disso, com o auxílio de seu amigo Edmond Lepelletier, estava trabalhando para conseguir um editor para a sua última antologia, *Romances sans paroles*, para a qual já estaria compondo textos novos.

Na quarta capa do exemplar que envia a Mons, Rimbaud inscreve uma dedicatória das mais lacônicas. Simplesmente: "A Paul Verlaine", seguido da assinatura. Não "Arthur", mas "A. Rimbaud".

Rimbaud abstém-se, em contrapartida, de enviar exemplares de *Uma temporada no inferno* aos parnasianos e à facção dos críticos literários alinhada a essa escola, com exceção de Émile Blémont, um antigo Vilain Bonhomme, muito influente em Paris, que trabalha agora como redator-chefe da revista *La Renaissance littéraire et artistique*, de Jean Aicard, a mesma que em setembro de 1871 publicara seu poema "Os corvos".

Influente ou não, Blémont prefere não comentar o livro. Como todo mundo, ouviu falar dos acontecimentos de julho em Bruxelas e tomou o partido de Verlaine. Além disso, sempre considerou Rimbaud um cafajeste, vagabundo e depravado, e não tem a mínima vontade de colocar sua reputação em risco dedicando-lhe um artigo no *Le Rappel*, em que suas crônicas são muito apreciadas. Sem contar que todos os seus colegas compartilham de sua opinião.

Apesar do clima bastante desfavorável, para não dizer hostil, Rimbaud realiza em novembro e dezembro diversas viagens a Paris, onde tenta restabelecer alguns contatos.

Contudo, é tratado com a mais acerba frieza. As pessoas fogem dele ou simplesmente o ignoram. Por pouco não lhe cospem na cara para que vá embora mais rápido, enterre-se de uma vez por todas nos confins de sua província. Apenas Jules Mary, que encontrou um trabalho no jornal *Le Temps*, não o evita.

Certa noite, em uma mesa do Café Tabourey, ele vê aproximar-se um poeta e pintor iniciante com quem cruzara algumas vezes no Círculo Zútico: Germain Nouveau.

Nouveau nascera em Pourrières, na região do Vars, em 1851, mas cresceu em Aix-en-Provence. Durante quase um ano ocupou o cargo de professor assistente no liceu de Marselha, antes de se mudar para Paris, no verão de 1872, e alugar um quarto na Rue de Vaugirard, ao lado do Théâtre de l'Odéon.

Por ter recebido uma pequena herança de seus pais, ele possui um pouco de dinheiro e aproveita. Aliás, sua liberalidade encanta os companheiros, em particular os que pertencem ao clube dos Vivants – como Léon Valade, Raoul Ponchon, Jean-Louis Forain e Jean Richepin, seu amigo mais próximo –, um grupo que sucedeu aos Vilains Bonshommes.

Fisicamente, Nouveau é baixo, mas "bem-apessoado e belo no conjunto, tem olhos um pouco puxados, um nariz levemente arqueado, uma barbicha de duas pontas e uma longa cabeleira"[9] despencando nos ombros. Um físico que agrada às mulheres, às quais ele não é nem um pouco indiferente. O sotaque meridional é, aliás, garantia adicional de sucesso em suas aventuras galantes.

Rimbaud logo é conquistado por Nouveau. Na conversa que têm no café, ele confessa que adoraria voltar para Londres no início do ano seguinte e convida o novo amigo a acompanhá-lo. Por que razão exatamente? Seria incapaz de dizer. Talvez porque tenha percebido que todos os seus laços com o *mundo das letras* se romperam. Ou talvez porque aspire demais a outras vidas e sofra demais por não as ter vivido.

Depois de passar o inverno nas Ardenas junto de sua família, Rimbaud parte para Londres com Nouveau no final de março de 1874. Os dois amigos conseguem um quarto na Stamford Street, 178, perto da estação de Waterloo. Enquanto Rimbaud logo se ambienta na capital inglesa, Nouveau sente-se sufocado nessa megalópole de luz escassa que exala por toda parte odores fortes de carvão e almíscar. Ao final de apenas uma semana, ele já lamenta o dinheiro que lhes escorre entre os dedos.

Para ganhar o sustento, Rimbaud e Nouveau empregam-se numa fábrica de papelão de High Holborn, no centro de Londres. Tudo o que precisam fazer é cortar com precisão folhas de cartão para confeccionar caixas de chapéu. Nada muito complicado. Porém, esse trabalho os entedia e eles decidem dar aulas de francês e de desenho. Infelizmente, os três anúncios que publicam durante três dias (e em quatro línguas!) no *The Echo* não resultam em nada. Talvez seja melhor anunciar também no *The Daily Telegraph*, cuja tiragem é maior... Ou então pedir conselhos a Eugène Vermersch, o mesmo velho batalhador, que conhece bem a imprensa inglesa...

Quando não estão procurando trabalho, frequentando a biblioteca do British Museum (Rimbaud matricula-se novamente em 4 de agosto) ou passando o tempo nos pubs esfumaçados dos lados de Charing Cross, Rimbaud e Nouveau encorajam-se mutuamente a escrever. Em meio a seus papéis, Rimbaud trouxe o texto de suas *Iluminações* – os versos e prosas que desconcertaram Verlaine, cuja maior parte foi composta em 1873. Seria sem dúvida conveniente retocá-los uma última vez. Ele acredita ter ali material para mais um opúsculo. Apesar disso, não está com nenhuma pressa de sair em busca de um editor, ou mesmo de uma gráfica, após a experiência desastrosa de *Uma temporada no inferno*...

De repente, em junho, sem dar nenhuma explicação, simplesmente cansado da existência miserável em que vivem, Nouveau o abandona e retorna sozinho a Paris.

A volta do fauno

Por que Germain Nouveau partiu? Por que o fez sem dar nenhuma explicação? Rimbaud tenta entender, mas em vão. O certo é que, pela primeira vez em sua vida, ele se sente verdadeiramente abandonado e não sabe como lidar com a situação. Deus sabe, no entanto, como se entendia bem com Nouveau e como a companhia desse provençal, ao mesmo tempo tão atormentado e tão crédulo, tão autêntico e tão imprevisível, era-lhe agradável e ajudava-o a não se entregar à melancolia!

Como se quisesse conjurar a má sorte, resolve mudar-se precipitadamente para uma pensão na London Street, uma rua próxima da Howland Street, onde passou um tempo com Verlaine em setembro de 1872. Escreve então à sua mãe pedindo-lhe que envie dinheiro. A menos, sugere, que ela prefira vir a Londres em pessoa para lhe entregar o dinheiro em mãos. E revela também que está doente e deve fazer um tratamento no hospital. Embora não queira confessar, na realidade está precisando de calor humano e sabe que pode encontrar junto aos seus. Essa necessidade é ainda mais premente porque os antigos comunalistas, Eugène Vermersch e Prosper Olivier Lissagaray na linha de frente, continuam a desconfiar dele e a evitá-lo.

Em 6 de julho, a sra. Rimbaud e sua filha Vitalie, que acaba de completar dezesseis anos, chegam à estação de Charing Cross e alugam um quarto no terceiro andar de um edifício no Argyle Square, perto de King's Cross.

Esse encontro revigora Rimbaud. Como se fosse um guia calejado, conduz a mãe e a jovem irmã através do centro de Londres, apresentando-lhes monumentos e pontos turísticos. Mostra o Parlamento, com suas belas torres douradas, a Catedral de Saint-Paul, o palácio do duque de Northumberland, a casa da guarda da rainha Vitória, o Teatro da Alhambra, diante do qual se ergue, sobre um imenso bloco de mármore branco, a estátua de Shakespeare... Sem esquecer o gigantesco Albert Hall, inaugurado em 1871, às margens do Tâmisa, que evoca em "Cidades" ao mencionar uma "cúpula" que é "uma artística armação de aço com cerca de quinze mil pés de diâmetro", assim como o curioso subterrâneo que passa sob o edifício...

Rimbaud também as leva a diversos museus, em particular ao British Museum, onde se posta em estado de contemplação diante dos restos mortais do rei da Abissínia, Teodoro II, e de sua mulher. À tarde, fazem passeios pelo Hyde Park ou nos Kensington Gardens. Como Londres está tomada pelo calor, Vitalie compara esses lugares a "oásis", "paraísos".[1] Aliás, ela anota todas as suas impressões em um diário. Na entrada de 11 de julho, relata que foi com o irmão à biblioteca do British Museum, que conta com três milhões de livros. E espanta-se que "as damas sejam admitidas assim como os homens".[2] No dia seguinte, escreve:

> Este é o primeiro domingo que passo em Londres. Ao contrário dos outros dias, não se escuta o barulho dos carros. O tempo está lindo e está mais fresco. Não sinto a opressão dos outros dias. Arthur está entediado. Fomos a um templo protestante. Com diferenças mínimas, parece-se com as igrejas católicas. Lindas abóbadas, lustres, bancos etc. Fiquei tão cansada que parecia estar caindo doente. [...] Não conhecemos ninguém que saiba falar francês, a não ser Arthur. Mas agora não estamos mais de todo confusas. No início, era necessário que Arthur estivesse sempre conosco para o que quer que precisássemos. É verdade que ele é tão bom em todas as coisas que, quando está presente, não temos que fazer nenhum esforço. Ele está muito melhor de saúde, mas diversas pessoas aconselharam-no a ir para o campo, para o litoral, a fim de se recuperar completamente.[3]

No dia 14, ela anota que se sente doente "por desânimo, tédio, tristeza" e que experimenta também "uma espécie de desespero", antes de continuar em tom mais ameno:

> Saímos à noite. Sinto-me bem melhor. Arthur está em forma; não fomos muito longe. Seguimos os muros atrás dos quais os trens não param de correr. Trilhos por toda parte, estações. Na volta, divertimo-nos a observar a via férrea subterrânea. Que maravilha! Ela passa sob túneis, sob pontes, e com que velocidade! Os trens estão sempre lotados de passageiros que são bem mais ligeiros do que nós, ágeis franceses. E essa multidão é calma, plácida, silenciosa. Nem um grito, nem um gesto inútil... etc.[4]

E em 18 de julho:

> Arthur foi de novo encomendar uns anúncios e procurar outro jornal onde publicá-los. Talvez encontre hoje mesmo um trabalho. Ou será para segunda-feira? Como eu gostaria de estar lá! Que felicidade me trará segunda-feira, ou que desgraça? Tenha piedade de nós, meu Deus, não nos abandone.[5]

Em suas perambulações cotidianas, Vitalie também fica impressionada com os pregadores em todos os grandes cruzamentos da cidade e com a multidão que os escuta com introspecção e respeito enquanto distribuem textos devotos. Quanto à sra. Rimbaud, ela está mais fascinada com a opulência das lojas. Em uma delas, compra xales para Isabelle, a irmã caçula que ficou em Charleville. E todas essas idas e vindas pelos quatro cantos de Londres duram três longas semanas.

Em 29 de julho, Vitalie escreve tristemente em seu diário:

> Esta manhã, às nove horas, eu estava arrumando as minhas coisas quando Arthur, sombrio e nervoso, disse de repente que ia sair e que não voltaria antes do meio-dia. Mas retornou às dez horas e nos anunciou que partirá amanhã. Que notícia! Fiquei estarrecida. Estou contente, ao menos? Eu, que desejei tanto este momento? Mesmo assim, não saberei responder com franqueza; e não consigo explicar essa faca que perfura meu coração no momento em que eu deveria estar tão feliz.[6]

Dois dias depois, o trio se separa: a sra. Rimbaud e Vitalie deixam a Inglaterra, enquanto Rimbaud toma um brigue para Scarborough, um porto ao lado de uma famosa estação balneária de Yorkshire, cerca de 380 quilômetros ao nordeste de Londres. Graças a um anúncio que publicou no *Times*, encontrou um emprego como preceptor em uma rica família local. O lugar inspira-lhe um poema em prosa que intitula "Promontório" e que fervilha de metáforas coloridas, assim como de nomes de países e cidades distantes: Japão, Peloponeso, Cartago, Veneza, Alemanha, Arábia... Porém, ele não fica muito tempo em Scarborough.

Graças a um outro anúncio, ele se muda em novembro para Reading, uma pequena cidade do condado de Berkshire, na confluência do Tâmisa com o Kennet, onde é contratado por uma escola, dirigida por um francês que responde ao luminoso nome de Camille Le Clair, para dar aulas de língua e literatura francesas.

Rimbaud trabalha há apenas um mês e meio em Reading quando sua mãe lhe informa por carta que ele recebeu uma convocação oficial para realizar o serviço militar. Como acaba de completar vinte anos, é alistado automaticamente para a seção de 1874.

Sem delongas, ele volta a Charleville e apresenta-se de imediato diante das autoridades competentes invocando seu direito a ser dispensado em virtude de uma disposição legal de julho de 1872, visto que Frédéric, seu irmão mais velho, alistou-se voluntariamente no exército republicano por um período de cinco anos.

Assim que obtém a dispensa, Rimbaud começa a questionar seu futuro. Será que deve voltar para Reading e continuar a dar aulas de francês? Não seria melhor, agora que já tem vinte anos, lançar-se na vida ativa e procurar trabalho em alguma casa comercial, de preferência um estabelecimento voltado para o comércio internacional? Ainda que não tenha realizado estudos universitários, ele se gaba de falar bem inglês, até mesmo termos eruditos, do vocabulário especializado de certos campos precisos, como a caça, a marinha, o esporte, a horticultura e a heráldica – termos que teve o cuidado de listar à exaustão em folhas de papel. Não ignora, no entanto, que se dominasse também o alemão, se o dominasse profundamente, teria ainda mais chances de ser contratado por uma grande empresa.

É com esse intuito que, em meados de fevereiro de 1875, Rimbaud empreende uma viagem para Stuttgart, a capital do reino de Württemberg, vassalo da Prússia. Mais uma vez graças a um anúncio, ele arranja uma posição de preceptor na casa de um pastor aposentado, Ernest Rudolf Wagner, o qual traduziu as *Recordações de Solferino*, de Henri Dunant, o fundador da Cruz Vermelha em Genebra, em 1864. Junto desse homem extremamente culto, Rimbaud inicia-se na poesia germânica e descobre, entre outras, a obra de Friedrich Hölderlin, um escritor com visões proféticas com quem logo se identifica.

Certa tarde, quando já vive há algumas semanas na casa do pastor Wagner, na Hasenbergstrasse, próximo aos campos do sudoeste da cidade, anunciam-lhe uma visita. Um francês, dizem, pelo sotaque.

Rimbaud pensa de imediato em Verlaine. Soube há pouco tempo por Delahaye que o poeta saíra da prisão de Mons em janeiro, após ter passado dezoito meses encarcerado, e que pediu de imediato notícias suas. Em seguida, tentou conseguir seu endereço. E, se Rimbaud permitiu afinal que Delahaye o transmitisse, não foi de muito bom grado. Conhecendo Verlaine, *seu* Verlaine, o Verlaine temerário e impulsivo, ele pode perfeitamente imaginá-lo fazendo a viagem até Stuttgart. Quanto a saber o que seu antigo amante tem em mente...

Ao chegar ao vestíbulo, Rimbaud constata que não se enganou. Vestido com um elegante casaco escuro, as duas mãos segurando uma bengala, seu visitante não era ninguém menos que Verlaine. Rimbaud observa-o, acha-o envelhecido com suas espessas sobrancelhas, sua barba amarelada hirsuta, seus olhos cinzentos ainda ardentes, olhos de fauno que lançam raios e não o perdem de vista.

Rimbaud o conduz rapidamente para fora de casa, e então seguem para um café onde o aconselha a tomar um *riesling*, o único vinho da Alemanha que, segundo seu gosto, não é "inferior".[7]

Verlaine está nervoso. Mal encosta no copo, põe-se a narrar em detalhes as circunstâncias extraordinárias em que, na prisão de Mons, recebeu a revelação divina, "depois de ter perambulado em meio à corrupção por tanto tempo". Conta que se converteu ao catolicismo e expõe em minucias as maravilhas dos sacramentos da Igreja. Sobre esse assunto, acrescenta, escreveu uma série de poemas cristãos que deveriam instruí-lo e dos quais recita alguns versos em tom solene.

> As doces mãos que foram minhas,
> Tão bonitas e tão pequenas
> Depois de enganos e de penas
> E de tantas coisas mesquinhas,
>
> Depois de portos tão risonhos,
> Províncias, cantos pitorescos,
> Reais como em tempos principescos,
> As doces mãos abrem-me os sonhos.
>
> Mãos em sonho sobre a minha alma,
> Que sei eu o que vos dignastes,
> Entre tão pérfidos contrastes,
> Dizer a esta alma pasma e calma?
>
> Mentirá minha visão casta
> De espiritual afinidade,
> De maternal cumplicidade
> E de afeição estreita e vasta?
>
> Remorso bom, mágoa tão boa,
> Sonhos santos, mãos consagradas,
> Oh! Essas mãos, mãos veneradas,
> Fazei o gesto que perdoa!*[8]

---

* Les chères mains qui furent miennes,/Toutes petites, toutes belles,/Après ces méprises mortelles/Et toutes ces choses païennes,//Après les rades et les grèves,/Et les pays et les provinces,/Royales mieux qu'au temps des princes,/Les chères mains m'ouvrent les rêves.//Mains en songe, mains sur mon âme,/Sais-je, moi, ce que vous daignâtes,/Parmi ces rumeurs scélérates,/Dire à cette âme qui se pâme?//Ment-elle, ma vision chaste/D'affinité spirituelle,/De complicité maternelle,/D'affection étroite et vaste?//Remords si cher, peine très bonne,/Rêves bénis, mains consacrées,/Ô ces mains, ces mains vénérées,/Faites le geste qui pardonne! (N.E.)

Verlaine acrescenta que todos esses poemas formarão uma importante antologia para a qual ele ainda hesita entre dois títulos: *Cellulairement*, um neologismo de que se orgulha, e *Sagesse*. Está certo de ter criado sua obra-prima poética – uma obra-prima pela profundidade, pela riqueza da inspiração e pelo domínio da forma, sem "palavras vãs", "metáforas malfeitas" e "qualquer retórica fugindo dos pecados". Em diversos poemas, continua, renunciou ao ritmo convencional, por exemplo, recorrendo ao verso ímpar e utilizando cadências sincopadas – o que não se encontra nem em Hugo nem em Baudelaire nem em nenhum parnasiano.

Por fim, comenta que, ao realizar a leitura cuidadosa e repetida de *Uma temporada no inferno*, em que se reconheceu sob os traços do *esposo infernal*, detectou diversos trechos que atestam a presença divina, sugerindo que Rimbaud tem uma necessidade latente de metafísica e de religiosidade. Para embasar suas palavras, tira uma folha de papel do bolso do casaco e aponta fragmentos de frases marcados em diversas partes da obra que lhe parecem edificantes: "Aguardo Deus com gulodice", "Deus faz a minha força, e eu O louvo", "Se Deus me conceder a calma celeste, a oração", "Piedade, Senhor, tenho medo", "Pelo espírito alcança-se Deus!", "Meu Deus, tenha piedade, esconda-me, porto-me mal demais!"... E se essa experiência da vidência não fosse na realidade um ato de fé? E se *Uma temporada no inferno* fosse um livro místico?

Rimbaud ri. Para ele, o discurso de Verlaine não passa de bobagens. Ele o trata de alucinado e louco. Jura que *Uma temporada no inferno* é acima de tudo um livro pagão e ímpio, um livro pérfido, o livro da revolta e da sedição contra todas as formas de poder e contra a Igreja, carregado de dizeres como "Nunca me reconheço nos conselhos de Cristo; nem nos conselhos dos Senhores, – representantes de Cristo", "o Evangelho passou" ou ainda "nunca fui cristão". Como é possível – senão com a mente bastante confusa – não perceber? Francamente, é inútil vir até Württemberg para aborrecê-lo com essas ridículas histórias de jesuíta! E que rosário é esse que Verlaine tem nas mãos e não para de remexer?

Quanto mais Rimbaud debocha de Verlaine, mais este ergue a voz, indigna-se e se zanga.

No meio da noite, os dois poetas saem do café. Logo encontram um outro, bebem ainda mais, misturam *riesling* com cerveja, acabam por vaguear sozinhos, de braços dados, pelas ruas escuras e silenciosas de Stuttgart até o sopé das colinas que rodeiam a cidade e onde pululam cervejarias.

Completamente embriagado, Verlaine continua a divagar. Rimbaud quer que ele se cale e dá-lhe um tapa no ombro que basta para desequilibrá-lo e fazê-lo cair no chão. Ele tenta se reerguer. Não sem muito esforço, Rimbaud consegue acompanhá-lo até um hotel miserável onde, na manhã seguinte, vem perguntar sobre o seu estado. Como metamorfoseado, Verlaine está calmo e sensato. Fala de se estabelecer na Inglaterra, depois de passar por Paris e fazer uma rápida visita a um tio em Fampoux, no Pas-de-Calais.

Rimbaud confia-lhe um envelope que pede para entregar a Germain Nouveau. Esse envelope contém o manuscrito das *Iluminações*, cuja derradeira versão acaba de concluir.

De um lado para o outro

Assim que Verlaine parte, Rimbaud deixa a Hasenbergstrasse para se instalar no terceiro andar de uma casa da Marienstrasse, uma rua mais próxima do centro da cidade onde costuma passear à noite e beber, em algum café, taças de vinho branco do vale do Nesenbach, um pequeno rio que se lança no Neckar e cujas colinas agradáveis são plantadas de vinhas. Ele tenta se concentrar nas aulas de francês que ministra aos filhos de Ernst Rudolf Wagner e na aprendizagem da língua alemã, mas percebe rapidamente que o ambiente germânico não lhe convém. A não ser pelo fato de que em Stuttgart as pessoas são apaixonadas por música e que ele adoraria aprender a tocar piano.

Decidido a mudar de ares e conhecer a Itália, no início de abril de 1875, Rimbaud resolve vender alguns de seus pertences e sua mala, pois não tem dinheiro suficiente para uma passagem de trem. Na estação central, embarca num trem com destino a Altdorf, a capital do cantão de Uri, no coração da Suíça – a cidade onde Guilherme Tell teria acertado com uma flecha uma maçã colocada sobre a cabeça de seu filho. Em seguida, passa pelo vale do Reuss, atravessa o Saint-Gothard, cujo pico ultrapassa dois mil metros, e ao cabo de uma interminável e exaustiva viagem pela região de Ticino chega ao lago Maior. Por fim, passa pelo lago de Corne, de onde alcança a planície do rio Pó, antes de chegar a Milão.

Uma noite, após percorrer longamente as ruas da cidade lombarda, ele senta em um café onde conhece uma viúva a quem relata sua odisseia desde Stuttgart. No final, também conta que é autor de uma pequena antologia de poemas em prosa, que publicou por conta própria na Bélgica, em outubro de 1873. E como essa *vodova* oferece-lhe hospitalidade em sua casa, no terceiro andar de um prédio na Piazza del Duomo, ao lado da majestosa catedral, ele escreve uma carta a Ernest Delahaye pedindo-lhe para enviar o quanto antes seu exemplar de *Uma temporada no inferno*. Sua intenção é presentear a caridosa *vodova*. Uma pessoa "molto civile"[1], assinala, apaixonada pela literatura francesa.

Contudo, logo se cansa dessa senhora e põe mais uma vez o pé na estrada, seguindo dessa vez para a Ligúria e depois rumo à Emília-Romanha e à Toscana.

Ele alimenta projetos vagos. Por que não se alistar como mercenário nas tropas de Don Carlos, na Espanha, uma ideia de Verlaine que lhe parece bastante atraente? Seria uma oportunidade de aprender o espanhol... Uma outra possibilidade seria ir para Brindisi, o porto do mar Adriático, onde, segundo informações de Delahaye, estaria vivendo Henri Mercier, um antigo membro do Círculo Zútico, fundador da efêmera *Revue du monde nouveau*, encarregado de uma fábrica de sabão e em condições de oferecer-lhe trabalho...

Infelizmente, ele sofre uma forte insolação na estrada de Livorno a Siena e é conduzido com urgência para o hospital municipal, onde o cônsul da França, avisado pelas autoridades, corre a seu leito e decide, em meados de junho, repatriá-lo de barco para Marselha.

Ao desembarcar, Rimbaud ainda está bastante doente e é conduzido novamente a um hospital a fim de ser tratado durante semanas. Sente-se muito só. Guardou em sua mente uma série de sensações, impressões e imagens fortes ao longo de sua viagem pela Suíça e pela Itália, mas não quer colocar tudo por escrito.

Aliás, de que serve escrever?

De que serve ser poeta, romancista, dramaturgo, ensaísta?

O que as pessoas – incluindo todos aqueles que se orgulham de ser poetas, romancistas, dramaturgos e ensaístas – conhecem afinal da literatura?

E todos esses *criadores*? O que pretendem quando se põem a publicar livros e produzir peças de teatro?

No início de agosto, logo que se restabelece e está prestes a deixar Marselha, ele cruza por acaso com Henri Mercier, que veio acertar alguns assuntos relacionados à fábrica de sabão. Por seu intermédio, Rimbaud descobre que, após ter passado um tempo na Bélgica e na Inglaterra, Germain Nouveau voltara a Paris e estava colaborando com Charles Cros em uma "fantasia dramática". Rimbaud pensa consigo que deveria encontrá-lo para assegurar-se de que Verlaine entregara-lhe em mãos o manuscrito das *Iluminações*.

Por uma feliz coincidência, sua mãe e irmãs também se encontram na capital. Porém, não se trata de férias: Vitalie, acometida de sinovite tuberculosa no joelho, está consultando um especialista.

Embora se encontre com sua família em Paris alguns dias mais tarde, não tem, por outro lado, a felicidade de rever Nouveau, que, segundo Charles Cros, desapareceu misteriosamente – ou talvez tenha voltado para Pourrières, sua cidade natal. Rimbaud visita então Jules Mary, Ernest Cabaner e Jean-Louis Forain – que vive agora na Rue Saint-Jacques e cujos desenhos, croquis e gravuras estão fazendo cada vez mais sucesso – e relembra com eles os bons momentos do Círculo Zútico... No entanto, logo percebe que as pessoas ainda têm restrições em relação a ele, que sua presença nos meios literários e artísticos não agrada a muita gente. Cabaner livra-se dele dizendo que ouviu falar de uma vaga de auxiliar de classe em Maisons-Alfort e aconselha-o a se candidatar sem hesitar.

Rimbaud aceita o emprego. Não por muito tempo, apenas duas semanas. E volta para Charleville, instalando-se na Rue Saint-Barthélemy, número 31, onde sua família reside desde 25 de junho.

Lá, uma carta o aguarda. Uma carta que teria preferido nunca ter recebido e que o deixa furioso. É de Verlaine, mais loiola do que nunca. E ele não consegue se impedir de comentá-la com Delahaye, embora saiba que os dois homens tenham uma ótima relação, lembrando-lhe que Verlaine já não tem mais importância para si, a não ser como poeta, e que tudo o que prega agora não passa de um tecido de "grosserias".[2]

Sem contar que o enfadonho e perseverante prosélito, que se pretende generoso e sincero, teve o descaramento de mandar uma pilha de revistas católicas por intermédio de um agente de polícia – em vez de enviar-lhe um pouco de dinheiro! Entre uma e outra recriminação, Rimbaud revela a Delahaye que uma estranha ideia – uma ideia cristã – passou-lhe recentemente pela cabeça: ser missionário na China ou em algum outro país distante. Por certo, esta seria a melhor maneira de fazer uma viagem sem arcar com os custos.

Em dezembro, chega mais uma carta de Verlaine, postada em Stickney, na Inglaterra. Parece uma profissão de fé.

> Meu caro amigo,
> Não lhe escrevi, ao contrário de minhas promessas (se tenho boa memória), porque esperava, confesso, uma carta sua. Nada recebido, nada respondido. Hoje rompo esse longo silêncio para confirmar-lhe tudo o que lhe escrevi há mais ou menos dois meses.
> O de sempre. Estritamente religioso, porque é a única coisa inteligente e boa. Todo o resto é trapaça, maldade, estupidez. A Igreja fez a civilização moderna, a ciência, a literatura: fez a França, particularmente, e a França está morrendo por ter rompido com ela. É bastante claro. E a Igreja também faz os homens, ela os *cria*: admira-me que você não veja isso; é evidente. Tive tempo, nestes dezoito meses, para pensar e repensar sobre este assunto e asseguro-lhe que me agarro a esta ideia como a única tábua de salvação.
> E sete meses passados entre os protestantes me confirmaram meu catolicismo, minha legitimidade e minha coragem resignada. Resignada pela excelente razão de que me sinto e me vejo justamente *punido* e humilhado, e, quanto mais severa for a lição, maior será a graça e a obrigação de dar um retorno.
> É impossível que você possa imaginar que isso seja afetação ou pretexto da minha parte. E quanto ao que você me escreveu, não me lembro mais dos termos, "modificações do mesmo indivíduo sensitivo", "rubbish", "potarada", piadas e um palanfrório dignos de Pelletan e outros *sub-Vacquerie*!
> Portanto, o de sempre. A mesma afeição (modificada) por você. Como eu gostaria de vê-lo esclarecido, reflexivo! É uma grande tristeza para mim vê-lo tomar rumos idiotas, você, tão inteligente, *tão pronto* (ainda que isso possa surpreendê-lo)! Refiro-me ao seu desgosto por tudo e por todos, à sua

> perpétua raiva contra qualquer coisa – bem no fundo, essa raiva, ainda que inconsciente do *porquê*.
> [...]
> Você me escreveu em abril cartas demasiado reveladoras de intenções más e vis para que eu me arrisque a dar-lhe meu endereço (ainda que, no fundo, qualquer tentativa de me prejudicar seja ridícula e antecipadamente ineficaz e seria, além disso, previno-o, *contestada legalmente*, com provas em mãos), mas afasto essa hipótese odiosa. Estou certo de que se trata apenas de um "capricho" fugaz de sua parte, algum infeliz acidente cerebral que um pouco de reflexão dissipará.*[3]

Rimbaud não tem a menor intenção de responder a essa carta. Ainda que fosse para escarnecer ou contestar os exageros e as grosserias. Ainda que Verlaine tenha se mostrado perspicaz ao falar da sua "raiva".

Ele continua se perguntando o que fará da sua vida. Pensa até mesmo em prestar o exame de conclusão do ensino secundário, o *baccalauréat*, quando, alguns dias antes do Natal, sua irmã Vitalie, com dezessete anos e meio, morre em consequência de sinovite tuberculosa no joelho, que se espalhou por todo o corpo. Acompanhado de um vizinho, ele próprio vai ao cartório de registro civil declarar o óbito. Em razão desse drama que toca profundamente seu ser, sobretudo após ter se aproximado de sua jovem irmã quando estiveram juntos em Londres, em julho de 1874, ele sente a necessidade de permanecer mais tempo em Charleville junto da mãe.

Com o *baccalauréat* em mente, passa a se interessar por álgebra e geometria, matérias que não tivera a oportunidade de aprofundar na escola de Charleville. Dedica-se também ao estudo de línguas estrangeiras, em particular o árabe e o russo, com a ajuda de velhas cartilhas desmanchando-se de traças. Tenta aperfeiçoar seu alemão e consegue parcialmente, chegando a ensinar alguns rudimentos ao filho do vizinho.

Também resolve aprender piano. Como sua mãe recusa-se a atulhar a casa com o instrumento, ele vai tocar onde pode.

---

* Essas ideias serão desenvolvidas por Verlaine em *Voyage en France par un Français*, escrito em 1881, mas publicado apenas em 1907.

Especialmente no Café de l'Univers, em frente à estação, agora frequentado assiduamente por Bretagne, que abandonou o Café Dutherme, e onde Delahaye, quando não está ocupado, vem às vezes juntar-se a eles.

Em casa, contenta-se em tamborilar as músicas numa mesa, lendo a partitura à sua frente. Lamenta ter chegado ao piano tão tarde e censura sua mãe por não tê-lo colocado numa aula de música na época em que ainda frequentava a escola.

No entanto, já está pensando em partir novamente. Cismou agora com o Oriente, e é o que o leva a tentar aprender também o hindustâni. No dia em que se abre com sua mãe, ela se apressa a alugar um piano, esperando assim dissuadi-lo do projeto. Além disso, ela lhe arranja um professor particular, um jovem organista muito educado, assistente do capelão da Igreja de Notre-Dame, que goza de uma reputação incontestável, a despeito de seu nome: Louis Létrange.

Rimbaud vai às nuvens, mas isso não o impede de sonhar com viagens para o outro lado do mundo. E sua determinação em partir para o Oriente intensifica-se quando, em fevereiro de 1876, seu melhor amigo de infância, uma das únicas pessoas com quem se entende em Charleville, seu *velho* cúmplice Delahaye, é nomeado auxiliar de classe no colégio Notre-Dame em Rethel, cem quilômetros ao norte.

Rimbaud pega a estrada no início do mês de abril. Seu objetivo é ir até Varna, na Bulgária, e de lá seguir para a Crimeia e por fim ao Cáucaso. Para tanto, todos os meios são válidos: trem, diligência, carro dos serviços postais, charrete ou a boa e velha sola de sapato.

Ele passa pelo sul da Alemanha e para em Munique. Permanece vários dias na capital da Baviera, cujo rei atual, Luís II, subiu ao trono em 1864, após a morte do pai, Maximiliano II. Depois disso, ele se dirige para a Áustria, atravessando toda a parte ocidental. E enfim chega a Viena, a dois mil quilômetros de Charleville, mas ainda bem longe do Oriente Médio. Passeia pela cidade com um mapa comprado numa esquina, perambula de um lado para o outro, sobe numa carruagem e acaba adormecendo, completamente embriagado.

Quando acorda, constata que roubaram o pouco de dinheiro que tinha, assim como sua sacola de viagem...

É então detido por vadiagem. Embora alegue boa-fé, a polícia imperial austro-húngara o reconduz à fronteira bávara.

Ele titubeia. Talvez devesse tentar procurar trabalho na Alemanha a fim de juntar um pequeno pecúlio e então seguir para Varna por outro itinerário, passando pela Suíça e pelo norte da Itália.

Finalmente, toma a decisão de voltar para as Ardenas.

Ou melhor – segundo a gíria pessoal que gosta de usar e que apenas Verlaine, Delahaye, Bretagne e Nouveau entendem –, para as "Ardomphes".

Rimbald, o Marujo

Rimbaud não permanece muito tempo em Charleville, pois sua sede de uma vida mais vasta, mais livre, mais bela, mais ousada é insaciável. Ouviu dizer que o exército holandês estabeleceu um escritório de alistamento no consulado da Holanda em Bruxelas e está recrutando soldados para suas colônias asiáticas. Os alistados receberiam uma bela remuneração. Já que não pode se tornar missionário ou mercenário na Espanha, resolve tentar ser recruta entre os batavos, caso se interessem por ele e o considerem apto para o serviço.

A seleção acontece em Harderwijk, um porto às margens do rio Zuiderzee, cerca de trinta quilômetros ao nordeste de Amsterdã. Nos séculos XVII e XVIII, a cidade ganhara um certo renome graças à sua universidade; porém, desde que esta fora fechada, em 1811, é principalmente um centro de treinamento para os exércitos das Índias holandesas. Na cidadezinha e suas redondezas, tudo gira em torno das atividades militares.

Rimbaud chega no dia 19 de maio de 1876, depois de passar por Charleroi, Bruxelas, Roterdã e Utrecht. Ele se apresenta ao escritório de alistamento, aceita responder a um interrogatório, segundo os procedimentos habituais, e, no dia seguinte, assina seu alistamento por seis anos. Ele recebe a matrícula 1428 no registro oficial do Departamento de Guerra. Concedem-lhe uma remuneração de trezentos florins, uma quantia que nunca viu em toda a sua vida e que lhe parece enorme. Além de um fuzil e de um cinturão para cartuchos, entregam-lhe seu uniforme: um quepe azul com uma faixa laranja, a cor nacional, uma jaqueta e uma calça de sarja azuis ornadas de galões e um casaco cinza.

Nada muito chamativo nem luxuoso.

O uniforme é, de fato, destinado ao combate, o que consiste em reprimir uma revolta no antigo sultanato de Atjeh, onde religiosos fanáticos amotinaram-se contra os ocupantes e já mataram muitos soldados holandeses. O antigo sultanato está localizado na grande ilha de Sumatra, o pulmão das Índias holandesas, cujos territórios foram divididos pelo governo de Haia em três categorias: terras dominiais, terras confederadas e terras vassalas. Atjeh (ou Aceh) faz parte das últimas.

A partida foi marcada para a manhã do dia 10 de junho. Enquanto isso, os recrutas são obrigados a praticar exercícios físicos todos os dias, em particular tiro, marcha e natação. Eles também têm de aprender o holandês. Para Rimbaud, que se familiarizou com o alemão em Stuttgart, não é das tarefas mais difíceis. Para os outros mercenários estrangeiros, homens em sua maior parte sem nenhuma instrução, vindos dos quatro cantos da Europa, inclusive da Rússia, esse regime é extremamente pesado. Alguns já começam a se rebelar. Ou então, assim que o dia acaba, vão embebedar-se nos bares ou distrair-se num bordel. As arruaças noturnas são frequentes, mas a justiça local fecha os olhos para isso. Se não o fizesse, Harderwijk seria sem dúvida uma cidade fantasma.

Em 10 de junho, portanto, Rimbaud embarca no *Prins van Oranje*, um vapor de três mastros, com arqueação bruta de três mil toneladas, ancorado em Nieuwe Diep, ao norte do rio Zuiderzee, para onde a tropa foi levada de trem. O contingente é imponente: catorze oficiais, doze suboficiais, três cabos e 197 soldados (dos quais seis de nacionalidade francesa), além de centenas de cavalos. Além de Rimbaud, há entre eles um parisiense, que é o primeiro a desertar, assim que o vapor faz uma breve escala em Southampton para o abastecimento de carne fresca. A bordo também se encontram cerca de sessenta civis, colonos em sua maioria. E até mesmo vacas leiteiras.

Ao longo dos dias e das noites, Rimbaud descobre enfim o mundo, um outro mundo, o mundo mágico dos grandes mares e das cidades portuárias meridionais: Bordeaux, Sagres, Gibraltar, Nápoles, Porto Said, na entrada do canal de Suez – cuja perfuração de 163 quilômetros através do deserto egípcio, concluída em 1869, após dez anos de obras *faraônicas*, foi o centro de todas as atenções, comentada em todos os jornais e revistas do mundo...

Parece um encantamento. Uma *iluminação* que se teria de repente materializado. E é o que Rimbaud havia desejado por tanto tempo, desde a infância, ainda nos bancos da escola. É o que tem agora diante dos olhos.

Nas águas do mar Vermelho, após deixar o Golfo de Suez para trás, o *Prins van Oranje* enfrenta a canícula e avança em baixa velocidade, o que incita à deserção. Soldados atiram-se no meio das correntes e tentam alcançar a nado o litoral ou o porto de Áden. Os oficiais graduados não reagem. Aliás, a vida cotidiana no barco não é muito penosa, além do fato de as bebidas alcoólicas serem proibidas, com exceção de uma tacinha de *jenever* aos domingos.

A temperatura continua infernal quando o *Prins van Oranje* atraca em Sumatra em 20 de julho. No dia 22, chega enfim a Batavia, a principal cidade portuária das colônias holandesas. Os recrutas desembarcam ao som de fanfarra, enquadrados por guardas, com as baionetas nos canos dos fuzis, aclamados por um público escasso. Eles são organizados em batalhões (Rimbaud fica na 4ª companhia do 1º batalhão) e conduzidos para a caserna, uma antiga fábrica de chá, a cerca de quinze quilômetros da cidade. Permanecem ali uma semana antes de embarcar no *Fransen van de Putte* para Semarang, ao norte da ilha.

Contudo, Semarang não é ainda o fim da viagem: de lá, é preciso tomar um trem para Tuntang e então seguir a pé para Salatiga, que se eleva a seiscentos metros de altitude. A marcha através da floresta tropical – apesar do uniforme mais apropriado distribuído na caserna, blusa de tela branca, calça listrada e boina escocesa – é um calvário interminável.

Rimbaud não sente mais a excitação dos primeiros dias. Assim que se instala no acampamento de Salatiga, percebe que não conseguirá viver nessas condições por seis anos e que, no fundo, não foi feito para ser mercenário, e menos ainda para combater e matar. Ele seria capaz de suportar a disciplina militar em caso de necessidade. Mas definitivamente não conseguiria aguentar os atos de repressão sangrenta e os castigos brutais infligidos aos indígenas, conforme relatam, com um estranho prazer, os soldados veteranos.

A morte súbita de um de seus companheiros de tenda faz com que decida se esgueirar assim que uma oportunidade se apresente. No dia da Assunção, como os soldados católicos são autorizados a assistir a um ofício religioso no norte de Salatiga, ele aproveita para escapulir pelas caladas rumo ao porto de Semarang.

Rapidamente troca seu uniforme militar por roupas de algodão cru que o fazem se parecer com qualquer civil de raça branca, funcionário público, comerciante ou colono. Nas Índias holandesas, dos cerca de trinta milhões de habitantes, existem aproximadamente sessenta mil brancos, e a maioria é holandesa.

Rimbaud sabe que se tornou um desertor e corre o risco de ser preso por longos meses, ou até mesmo anos, se por acaso for pego. Porém, esse risco não o amedronta. Embora não tenha chamado a atenção de ninguém ao escapar, é preferível deixar o país o quanto antes. De todo modo, com os florins que recebeu em Harderwijk, tem condições de comprar uma passagem.

Mas uma grande questão se coloca: para onde ir?

No cais de Semarang, ele observa um veleiro registrado em Banff, na Escócia, o *Wandering Chief*. Ao se informar, fica sabendo que o navio contém uma carga de açúcar e que está prestes a levantar vela com destino a Falmouth, na Cornualha. Sem hesitar, negocia com o capitão a permissão de subir a bordo com um nome falso. O negócio é facilmente concluído. Graças a seu dinheiro, é claro.

Em 30 de agosto, o *Wandering Chief* levanta âncora. Ele se dirige para a Cidade do Cabo. Rimbaud alegra-se: terá a oportunidade de admirar outras paisagens e outros portos, diferentes dos que viu com o *Prins van Oranje*. A viagem é muito mais longa e muito mais movimentada. Ao sul de Durban, acontece uma terrível tempestade que danifica seriamente o barco e o obriga a fazer escala em Santa-Helena a fim de proceder a reparos. Percebem então que estavam a um triz da catástrofe e de um naufrágio irremediável em pleno mar. As etapas seguintes, semelhante à rota marítima que Baudelaire percorreu em 1841, passam-se felizmente sem outros percalços.

Ascensão, Açores, a costa africana e enfim o litoral da Europa ocidental.

Quando o *Wandering Chief* chega afinal a Queenstown, na Irlanda, já é inverno. No dia 7 de dezembro, Rimbaud desembarca e decide voltar para a França. Ele segue para Cork de balsa e então para Liverpool de vapor. Três dias depois, chega ao Havre, de onde, sem perda de tempo, toma um trem rumo a Paris. Não há mais necessidade de viajar escondido: agora ele tem como pagar suas passagens...

Seria difícil reconhecê-lo: sua cabeça está raspada e a pele bronzeada. Além disso, está vestido de marinheiro inglês. E parece extremamente orgulhoso de estar usando tais trajes. É sem dúvida uma maneira de mostrar que não é mais o mesmo e que nunca mais será como antes.

Ao encontrar no Café Tabourey com Germain Nouveau – que voltou há pouco de Pourrières, onde tentou por algum tempo o ofício de viticultor –, ele declara que não escreveu uma única linha durante todo o seu périplo. E que nunca escreverá nada sobre o assunto, ainda que tenha na cabeça uma imensidão de palavras e imagens.

Para quê?

Verso ou prosa, a literatura é vã, uma atividade inútil.

Em todo caso, essa é agora a sua mais profunda convicção.

Visitar outros escritores, autores, artistas que conheceu no Círculo Zútico ou que foram membros dos Vilains Bonshommes?

Não, Rimbaud não tem a menor vontade de fazer isso. Não imagina o que poderia dizer a essas pessoas. A não ser justamente que escolheram um caminho equivocado, que se ocupam apenas de bobagens e que estão perdendo tempo. E também não se interessa em saber que fim levou Verlaine. Nem se ele continua envolvido com poesia.

O pobre Nouveau está estupefato. Não entende Rimbald, o Marujo, como o chama aludindo a Simbad, um dos personagens mais expressivos de *As mil e uma noites*. Pergunta a si mesmo se seu amigo não estaria de zombaria, se esse discurso não seria pura provocação.

E se estivesse apenas posando?

Seria possível escrever poemas tão extraordinários, tão geniais quanto "Baile dos enforcados", "Romance", "Vogais", "O barco ébrio", "Comédia da sede", "Memória", "Alquimia do verbo" e o "Bárbaro", depois fingir que não valem de nada, que são insignificantes?

Rimbald, o Marujo, chegaria ao ponto de renegá-los depois de ter proclamado com toda veemência que era o único a possuir "a chave desta parada selvagem"?[1]

Nouveau tampouco compreende por que, há mais de um ano, Rimbaud transmitiu-lhe por intermédio de Verlaine o manuscrito, igualmente extraordinário, de suas *Iluminações*. Não seria para comovê-lo, tocá-lo no mais íntimo de seu ser, para que ele oferecesse a antologia a editores de revistas e editoras parisienses?

Guarda em sua mente um texto breve intitulado "Partida", que talvez agora ganhe todo o seu sentido:

> Vi bastante. A visão encontra-se em todos os ares.
> Tive bastante. Rumores de cidades, a noite, e sob o sol, e sempre.
> Conheci bastante. As paradas da vida. – Ó Rumores e Visões!
> Partida dentro da afeição e do ruído novos![2]

E ao pensar em "Saldo", um outro texto de *Iluminações*, ele se indaga se o amigo, com apenas 22 anos, já saldou todos os seus ideais, "a imensa opulência inquestionável" de uma vida de vidente.

> À venda a anarquia para as massas; a satisfação irreprimível para os amadores superiores; a morte atroz para os fiéis e os amantes!
>
> À venda, as habitações e as migrações, os esportes, encantamentos e confortos perfeitos, e o barulho, o movimento e o futuro que eles fazem!
>
> À venda, as aplicações de cálculo e os saltos de harmonia extraordinários. Os achados e os termos inesperados, possessão imediata,

> Impulso insensato e infinito aos esplendores invisíveis, às delícias insensíveis, – e seus segredos aterrorizantes para cada vício – e sua alegria aterrorizante pela multidão.
>
> À venda, os Corpos, as vozes, a imensa opulência inquestionável, o que nunca se venderá. Os vendedores não ficarão de mãos abanando! Os caixeiros-viajantes não terão de entregar a comissão tão cedo![3]

Rimbaud não responde. Apenas sorri. Um sorriso malicioso que sempre foi o seu, mas que às vezes causa medo. Ele se despede de Nouveau e parte a Charleville para as festas de Natal.

Quando abrem a porta, na Rue Saint-Barthélemy, e o descobrem à soleira, a mãe e a irmã desmancham-se em lágrimas.

Chipre: ida e volta

Na primavera de 1877, Rimbaud deserta novamente. Impossível permanecer mais de três meses nas Ardenas, mesmo que sua mãe, envelhecida, atormente-o menos do que antes.

Assim como em fevereiro de 1875, resolve aventurar-se pela Alemanha. Seu itinerário em zigue-zague passa por Trier, Colônia, Hamburgo e Bremen, onde, um belo dia, ele se apresenta no consulado dos Estados Unidos. Ele submete um requerimento, escrito em inglês e assinado por John Arthur Rimbaud, para se alistar na marinha americana. Não tanto porque sente repentinas afinidades com a pátria de Edgar Allan Poe, mas porque gostaria de descobri-la. Ele se lembra confusamente dos romances de Mayne Reid que leu na adolescência. E pensa também em Graham Bell, cujo nome começou a circular nos jornais por ter acabado de inventar uma engenhoca extraordinária que permite que as pessoas se falem à distância, batizada "telefone".

No requerimento, ele especifica que tem 23 anos, seu estado de saúde é bom, já foi professor de ciências e de línguas, fala e escreve alemão, francês, italiano, espanhol e, evidentemente, inglês – sem se dar conta de que seu texto está repleto de erros e contém diversos galicismos. Ele declara, além disso, que acaba de passar quatro meses como marinheiro em um navio escocês que viajou de Java a Queenstown e que desertou o 47º regimento do exército francês – como se essa deserção fosse um critério que contaria a seu favor.

Como a tentativa não dá frutos, ele volta para Hamburgo, a mais importante das três cidades livres da Liga Hanseática. Em busca de trabalho, depara-se com um anúncio que chama a sua atenção: o circo Loisset, um circo itinerante francês que goza de uma grande reputação por toda a Europa ocidental, está procurando um empregado de caixa e controle para uma turnê pela Escandinávia. Escandinávia: eis uma outra *terra incognita*! Rimbaud é contratado sem nenhum problema e tem assim a possibilidade de visitar Estocolmo, Oslo e Copenhague, cujas ruas estreitas e tortuosas, no centro da cidade, lembram-lhe épocas remotas. Ele realiza suas tarefas no circo durante todo um semestre, mas então decide que quer partir para o Egito. Após dar um passada em Charleville no mês de agosto, desce até Marselha por pequenas etapas e, em setembro, embarca num navio que deve deixá-lo em Alexandria.

Começa a se imaginar no Nilo, aos pés da Esfinge e das grandes pirâmides – imagens que viu inúmeras vezes em livros, revistas e almanaques, como *Le Tour du monde* (publicado desde 1860), em desenhos, gravuras e fotografias que alimentaram fartamente suas quimeras. Porém, ao largo de Civita Vecchia, o porto de Roma, ele é tomado por terríveis dores de barriga. O médico que o examina não consegue determinar do que se trata: se é uma inflamação nas paredes do abdome, sem dúvida provocada pelas caminhadas excessivas, ou uma colite aguda decorrente de intoxicação alimentar.

De qualquer modo, Rimbaud é obrigado a desembarcar e é conduzido a um hospital de Roma. Mas logo que recebe alta, mistura-se aos turistas para percorrer a cidade em todas as direções. E então, em vez de retomar um navio para o Egito, dá meia-volta.

É como se, na grandiosa geografia de suas inclinações, de suas impaciências e de seus desejos, não pudesse deixar de repassar todas as vezes pelas "Ardomphes" e por "Charlestown". Como se esse fosse um itinerário obrigatório, o ponto geométrico de todos os destinos possíveis e imagináveis.

É assim que, durante o verão de 1878, após trabalhar por um tempo em Hamburgo, numa importadora de produtos coloniais, e em seguida realizar novas aventuras sem objetivo preciso através da Alemanha ocidental, resolve voltar para casa e trabalhar em Roche. Pela primeira vez na vida contribui com seu suor na fazenda da família.

A atmosfera está alegre, pois seu irmão Frédéric, finalmente liberado de suas obrigações militares, também voltou ao lar. A sra. Rimbaud constrói castelos de vento: imagina seus dois filhos vivendo em Roche para sempre, entendendo-se com perfeição para executar os trabalhos do campo. E como herdou uma pequena propriedade em Saint-Laurent, a dois quilômetros de Mézières, sonha que eles poderiam dividir suas tarefas de modo justo, cada qual em suas terras. Indulgente, ou indiferente, Rimbaud a deixa com suas doces ilusões.

Entre uma tarefa agrícola e outra, gosta de tomar uns tragos em Charleville, seja sob os arcos da Place Ducale, seja no Café de l'Univers. Começam a conhecê-lo bem. Sabem que está sempre viajando e que escreve poemas. Quanto a saber como são os tais poemas... Um dia, Louis Pierquin – arqueólogo e historiador (especializado na história da Revolução nas Ardenas), grande amigo de Ernest Delahaye e, desde março de 1878, funcionário da alfândega de Charleville – conta que comprou diversas antologias editadas em Paris por Alphonse Lemerre. Rimbaud ergue bruscamente a voz e o interrompe com estas palavras:

> Comprar livros, sobretudo desse tipo, é completamente idiota. Sobre os seus ombros, você carrega uma bola que deveria bastar para substituir todos os livros. Esses, bem arrumadinhos em prateleiras, só deveriam servir para dissimular as leprosidades de velhas paredes![1]

Quando a colheita termina em Roche, Rimbaud pega de novo a estrada. Ele passa pelo maciço dos Vosges e chega a Altdorf, na Suíça, onde já esteve em outra ocasião. Depois segue para Amsteg, a partir de onde repete o mesmo itinerário que percorrera três anos antes: o pico de Saint-Gothard, Ticino, Lugano, Corno, a planície do Pó e enfim a Ligúria e Gênova, onde chega na manhã do dia 17 de novembro. Ele conta sua expedição numa longa carta que envia à família, na qual os chama de "caros amigos", incluindo na consagrada forma de tratamento sua mãe, seu irmão e sua irmã, Isabelle. E assina "seu amigo".

O Saint-Gothard e seu hospício civil, onde parou para passar a noite e descansar, em um estilo curioso, ao mesmo tempo informal e documental, ele descreve com minúcias:

É assim. Nem uma sombra acima, embaixo ou dos lados, ainda que estejamos rodeados de objetos enormes; não há mais estrada, precipícios, desfiladeiros nem céu: apenas o branco para sonhar, tocar, ver, ou não ver, porque é impossível tirar os olhos do tédio branco que acreditamos ser o centro de tudo. Impossível levantar o nariz em um frio tão violento, os cílios e o bigode ficam como estalactites, a orelha rasgada, o pescoço inchado. Sem nossas próprias sombras e os postes telegráficos, que demarcam a suposta estrada, estaríamos tão perdidos e tontos como baratas no melado.

E então é preciso furar mais de um metro de altura sobre um quilômetro de comprimento. Há muito não vemos nossos joelhos. É irritante. Ofegantes, pois em meia hora a tempestade pode nos enterrar sem muito esforço, encorajamo-nos uns aos outros com gritos [...]. Eis um comboio de trenós, um cavalo caído, enterrado até a metade. Mas perdemos a estrada. [...] Desviamos, afundamos até as costelas, até debaixo dos braços. Uma sombra pálida atrás de uma vala: é o hospício de Gothard, estabelecimento civil e hospitalar, construção feia de pedra e pinho; um campanário. Tocamos a campainha e um homem vesgo nos recebe; subimos até uma sala baixa e suja onde recebemos pão e queijo, sopa e aguardente. Vemos os famosos cães amarelos, belos e grandes. Logo chegam meio mortos os retardatários da montanha. À noite, somos aproximadamente trinta e, após a sopa, distribuem-nos em esteiras duras e debaixo de cobertores insuficientes. Tarde da noite, escutamos os anfitriões exaltarem em cânticos sagrados seu prazer em roubar, mais um dia, os governos que subvencionam seu casebre.

De manhã, após o pão-queijo-aguardente, restabelecidos por esta hospitalidade que pode se prolongar por quanto tempo a tempestade exigir, partimos. Pela manhã, à luz do sol, a montanha é maravilhosa; sem a ventania, sempre descendo, por atalhos, aos saltos, por inclinações quilométricas que nos conduzem a Airolo, o outro lado do túnel, onde a estrada retoma seu aspecto alpino, circular e obstruído, mas sempre descendo. É o Ticino.[2]

No porto de Gênova, protegido por seus imensos recifes, ele arranja lugar em um barco com destino ao Egito. Chega enfim a Alexandria após uma travessia de cerca de dez dias e logo põe-se à procura de trabalho. Diversas oportunidades oferecem-se rapidamente a ele: trabalhar numa importante exploração agrícola, entrar para os serviços aduaneiros anglo-egípcios "com um bom ordenado"[3] ou trabalhar como intérprete para um grupo de trabalhadores em Chipre, na empresa francesa Ernest Jean & Thial Fils, especializada na construção de ferrovias, fortes, casernas, hospitais, canais e instalações marítimas. Ele opta pela ilha de Chipre.

Desde o dia 4 de junho desse ano de 1878, por meio do Tratado de Santo Estêvão e dos acordos do Congresso de Berlim, a Turquia concedeu a administração da ilha à Inglaterra em troca de um importante pagamento anual. Graças às convenções assinadas, que os autorizam inclusive a instalar um batalhão do exército, os ingleses ganharam um inestimável ponto estratégico, a meio caminho entre o estreito de Dardanelos e o de Suez.

Quando Rimbaud desembarca no porto de Scala, em Larnaca, a segunda maior cidade do país depois da capital, Nicósia, descobre que o trabalho que os responsáveis da Ernest Jean & Thial Fils lhe atribuíram não é exatamente o que esperava: na realidade, sua função é vigiar cerca de sessenta homens em uma pedreira. Esta fica localizada na costa leste da ilha, num local chamado Potamos Liopetriou, uma área totalmente desértica, a uma hora de caminhada da aldeia mais próxima, Xylophagou. Apenas as ruínas de uma torre de guarda, construída na época da ocupação veneziana, lembram que outrora homens estiveram nesse local.

Após algumas semanas, Rimbaud é nomeado chefe do canteiro de obras, um trabalho que consiste em supervisionar, além dos operários quebrando e entalhando rochas, a embarcação das mercadorias nos cinco barcos e no vapor pertencentes à empresa. Ele também tem a função de controlar "a conta da alimentação e todos os custos", bem como de efetuar o pagamento dos operários cipriotas, nativos da região.

Brigas e conflitos ocorrem com frequência. Ele precisa de uma arma de fogo, tanto para se proteger quanto para assegurar a disciplina. As condições físicas estão longe de ser agradáveis: o calor é opressivo (não é raro que a temperatura seja superior a 50°C), as pulgas e os mosquitos constituem um "suplício medonho"[4], tanto de noite quanto de dia.

As condições são tão ruins que, em maio de 1879, ele é atacado de febre tifoide, muito embora em uma carta recente à família se gabasse de ter sido poupado da doença, ao contrário dos outros europeus presentes em Potamos Liopetriou. Por precaução, a Ernest Jean & Thial Fils o repatria às custas da empresa em um barco que sai de Larnaca rumo a Marselha. Ao chegar em solo francês, sobe em um trem e vai diretamente repousar em Roche junto de sua família. Logo que se restabelece, pode participar de novo dos trabalhos da fazenda e da colheita.

Em setembro, o fiel e indefectível Ernest Delahaye é convidado a passar alguns dias em Roche. Ele fica surpreso de ver Rimbaud tão mudado: o rosto magro e endurecido, a tez escura de um berbere, a barba amarelada por fazer, a voz profunda, grave e enérgica, bem diferente da que tinha antes, cujo timbre era quase infantil. Rimbaud conta suas viagens pela Alemanha, pela Escandinávia com o circo Loisset, pela Suíça e pela Itália. Fala longamente de seu trabalho de contramestre no Chipre – uma tarefa que lhe agradou, afirma, que lhe deu a oportunidade de assumir responsabilidades e melhorar seu conhecimento de línguas estrangeiras, o grego moderno em particular, a despeito da severidade do clima e dos inúmeros incidentes com os operários. E acrescenta que, a partir de agora, só poderá viver num país quente e que, aos primeiros sinais do inverno nas Ardenas, pretende retornar ao Chipre, via Alexandria.

Quando estão a ponto de se despedir, Delahaye pergunta timidamente ao amigo se ele ainda pensa em literatura – uma questão que lhe coça a língua desde que chegou em Roche. Rimbaud abaixa as pálpebras e balança a cabeça. Solta um risinho, meio divertido meio irritado, um pouco como se a pergunta tivesse sido: "Você ainda brinca de corda?".[5] Em tom seco, responde que não perde mais tempo com isso e que tem mais o que fazer na vida. Delahaye, sem saber o que dizer, não insiste no assunto.

Perto do fim do ano, Rimbaud despede-se da família e parte para Marselha a fim de pegar o próximo barco rumo a Alexandria. Porém, no momento de embarcar, é vítima de um acesso de febre, sendo obrigado a voltar precipitadamente para Roche e, tremendo muito, a ficar de cama.

Para aplacar o tédio, mas também porque sente cada vez mais tal necessidade, mergulha de novo na leitura. Não mais na de obras literárias nem na de ensaios sobre política ou filosofia, mas na de livros de ciências aplicadas, manuais práticos ou técnicos, que devora com uma avidez incrível. Lamenta não tê-los lido antes. Lamenta tê-los negligenciado por tanto tempo e, no lugar deles, ter sido inútil, *idiotamente* desviado pela poesia.

Em março de 1880, sua impaciência está no limite: ele faz as malas e corre para a estação de Charleville. Só tem uma ideia fixa: o Oriente Médio.

Aprendiz de geógrafo

A primeira etapa do novo périplo de Rimbaud é Alexandria, no Egito. No entanto, como não consegue encontrar trabalho, fica apenas uma semana por lá. Então retorna ao Chipre, onde espera ser recontratado pela Ernest Jean & Thial Fils. Mas a empresa francesa de construção não existe mais. Ele se volta então para a administração britânica, que lhe oferece de bom grado um cargo de contramestre em uma obra do monte Troodos, a mais de dois mil metros de altitude, o ponto culminante da ilha, a oeste de Larnaca. Trata-se de construir a residência de verão do governador-geral.

As condições de trabalho não são muito melhores do que em Patamos Liopetriou, embora a área não seja desértica. Porém, quando faz muito frio à noite, não é raro que chova ou caia uma fina geada, e o vento sopra com uma força incrível. Além disso, o abastecimento não é nada simples. Rimbaud é obrigado a realizar frequentes viagens a cavalo por caminhos escarpados e trilhas perigosas, através de florestas de pinheiros e ciprestes, até Limassol. Aliás, é apenas dessa cidade que pode enviar cartas à França.

Ele aguenta firme essas difíceis condições. Até que, no mês de junho, muda de obra, contratado dessa vez por um empreendedor particular com quem, infelizmente, logo entra em conflito. Para completar, as inúmeras e violentas brigas entre os operários não facilitam em nada seu trabalho. Um dia, ele se envolve em um conflito e, para se defender, não hesita em jogar uma pedra na cabeça de um homem, quase estraçalhando seu crânio. A hostilidade contra ele é geral, e Rimbaud se dá conta de que é melhor abandonar o mais rápido possível esse emprego e ir procurar trabalho em outro lugar. Decide então que esse outro lugar será o leste da África, o litoral do mar Vermelho.

Depois de passar pelo canal de Suez – o qual já atravessara a bordo do vapor *Prins van Oranje* em junho de 1876 –, Rimbaud para sucessivamente em Djeda, na Arábia, e em Massaua, na costa da Eritreia. Em seguida, faz uma escala em Hodeida, um porto árabe conhecido pelo tráfego de café proveniente de Moca, e em agosto chega afinal a Áden.

Por sua posição privilegiada na entrada do mar Vermelho, no estreito de Bab-el-Mandeb, Áden é há muito tempo o principal eixo comercial entre a Índia e a Arábia, a Abissínia e o Egito. Desde 1839, a cidade pertence aos ingleses, que fizeram dela uma espécie de Gibraltar oriental, chamando-a às vezes de Crater, por ter sido construída no fundo de um anfiteatro desprovido de vegetação e cercado de montanhas áridas por quase todos os lados. Eles implantaram diversos estabelecimentos na cidade (entre outros, para a exportação de arroz, café, borracha, algodão, marfim, pérolas e peles), de modo que em poucas décadas Áden tornou-se um dos maiores portos do mundo. Apesar do clima tórrido, sua população – uma população bastante cosmopolita – cresceu consideravelmente.

Assim que coloca os pés em Áden, Rimbaud sente-se indisposto com esse calor infernal – o inverso do clima que conheceu no monte Troodos – e é obrigado a internar-se em um hospital. Quando recebe alta, apresenta-se à empresa lionesa Mazeran, Viannay, Bardey et Cie, que possui diversos escritórios na África, e cujo proprietário, Alfred Bardey, é um francês da sua idade nascido em Besançon. Ele é recebido pelo encarregado da firma, um coronel aposentado, a quem informa sua identidade e suas atividades no Chipre, mas fingindo ser natural de Dole, o local de nascimento de seu pai, em 1814. É um pouco como se, com essa mentira banal, essa referência ao pai que só conheceu de maneira intermitente até a idade de seis anos, ele sacramentasse ainda mais a ruptura com sua infância, sua juventude e sua vida efêmera de poeta.

Como passa uma boa impressão, fala diversas línguas e domina alguns rudimentos de árabe, ele é contratado e recebe novamente a tarefa de contramestre, dessa vez nas oficinas de triagem e pesagem de café, um dos principais produtos comercializados pela empresa, que o transporta de barco até

Marselha. Seu salário é bastante modesto. Por outro lado, colocam à sua disposição um carro e um cavalo, dando-lhe hospedagem na única construção da cidade cujo telhado é coberto de telhas vermelhas, bem em frente ao Tribunal de Justiça.

Rimbaud teria preferido ganhar mais. Todavia, por ora, não tem muita escolha. Além disso, ouviu dizer que a empresa está prospectando terras do outro lado do golfo de Áden, considerando abrir novos escritórios na África. E imagina que mais cedo ou mais tarde poderia vir a se tornar o homem da vez.

Enquanto isso não acontece, escreve para sua família pedindo livros técnicos de vários assuntos: metalurgia, hidráulica urbana e agrícola, navios a vapor, pólvora e salitre, mineralogia, serralheria, poços artesianos... Sobre esse assunto em particular, diz precisar de um tratado do engenheiro de minas F. Garnier e do endereço de "fabricantes de aparelhos de perfuração instantânea".[1] Em sua lista de obras há títulos da enciclopédia Roret, bastante conhecidos e encontrados sem dificuldades nas livrarias francesas: *O manual do assoprador de vidro*, *O manual do pedreiro*, *O manual do fundidor de todos os metais*, *O manual do fabricante de velas*... Rimbaud insiste que quer receber prioritariamente *O manual do curtidor de peles*. Após apenas um mês, Alfred Bardey oferece-lhe um cargo em Harar, onde acaba de abrir uma filial.

Situada no interior da Abissínia, a cerca de 350 quilômetros do golfo de Áden, a cidade de Harar* fica a 1,7 mil metros de altitude e possui um clima temperado. Reconquistada em 1875 pelos egípcios, que já haviam se estabelecido ali no século XVI, ela é ao mesmo tempo uma cidade santa, militar (quatro mil soldados aquartelados) e comercial, além de ser a interseção da maior parte das estradas da região. A todo momento, caravanas param ali, participando assim de seu crescimento. Proibida aos infiéis por muito tempo, Harar tem também a particularidade de ser habitada por muçulmanos xiitas, que são monógamos. É uma das razões pelas quais as mulheres exercem um verdadeiro poder.

---

* Harar é ao mesmo tempo o nome da cidade e da região.

Acompanhado de um outro funcionário da empresa, um grego chamado Constantin Righas, Rimbaud chega a Harar, via Berbera, em meados de dezembro, após dez dias de cavalgada através do perigoso deserto somali. Ele fica imediatamente desconcertado com essa cidade fortificada de quarenta mil habitantes, com suas ruas estreitas, fétidas, sujas, fervilhando de mendigos, estropiados, doentes e cachorros; casas com lajes e terraços, aglomeradas como celas de prisão; muretas de terra batida junto das quais se acumula toda espécie de imundícies; mercados exalando odores ácidos e penetrantes, uma mistura nauseabunda de legumes, pele curtida, carne, chá, café, especiarias, ervas aromáticas, alimentos que atraem moscas e as fazem pulular...

No mês de janeiro de 1881, ele informa sua família de que está morando em Harar, tem uma vida "tediosa e sem lucros", fica doente com frequência e passa a maior parte do tempo controlando a pesagem do café encaminhado ao depósito pelos galas (uma das diversas tribos abissínias) e supervisionando os empregados. Ele fornece alguns detalhes.

> Peguei uma doença pouco perigosa em si: mas o clima daqui é traiçoeiro para qualquer espécie de doença. Não se cura nunca de uma ferida. Um corte de um milímetro em um dedo supura durante meses e pode facilmente gangrenar. Além disso, a administração egípcia não dispõe de médicos e de remédios suficientes. O clima é muito úmido no verão. Tudo é insalubre. Não gosto nada daqui, é frio demais para mim. [...]
> Mas não pensem que tudo seja completamente selvagem. Temos o exército, a artilharia e a cavalaria egípcias, e toda a administração. Tudo idêntico ao que existe na Europa, porém são um bando de cachorros e bandidos. – Os nativos são da tribo gala, todos agricultores e pastores, gente tranquila quando não é atacada. A região é excelente, ainda que relativamente fria e úmida, mas a agricultura não é muito avançada. O comércio engloba principalmente peles. Os rebanhos são explorados normalmente até que, no fim de suas vidas, removem o couro dos animais; em seguida café, marfim, ouro, perfume, incenso, almíscar etc. O problema é que estamos a sessenta léguas do mar e que o transporte é muito caro.[2]

Considerando os prós e os contras, ele preferia a fornalha de Áden. Para enfrentar a monotonia e a solidão, só há um consolo: a leitura de obras técnicas, cujos títulos ele repete como se fossem um motivo condutor nas cartas que envia a seus "caros amigos" de Charleville e Roche – ainda que lhes peça para não mais enviar manuais Roret... Ele também encomenda uma câmera fotográfica, a que chama de "bagagem fotográfica". E mesmo que, em abril, Alfred Bardey e um de seus associados tenham vindo se instalar por sua vez em Harar, Rimbaud tem mais do que nunca necessidade de agitação, de aventura. Nem que perca a sua vida. E diz isso com todas as letras em uma carta de 4 de maio:

> Caros amigos,
> Vocês estão no verão e é inverno aqui. Isto é, faz bastante calor, mas chove frequentemente. E vai continuar assim por alguns meses. A colheita do café será em seis meses.
> Quanto a mim, espero deixar em breve esta cidade para fazer negócios no desconhecido. Há um grande lago a alguns dias daqui, na região do marfim, tentarei chegar lá. Mas deve ser um local hostil.
> Vou comprar um cavalo e ir embora. Caso aconteça alguma coisa de errado e eu tenha que ficar por lá, previno-lhes que tenho uma soma de sete vezes 150 rúpias, pertencente a mim, depositada no escritório de Áden e que vocês podem reclamar, caso pensem que vale a pena.[3]

Esse "desconhecido" ao qual aspira, Rimbaud vai de fato explorá-lo, por conta da Mazeran, Viannay, Bardey et Cie. Encarregado de uma pequena expedição comercial, ele se aventura, vestido como um nativo, para os lados de Bubassa, um planalto a cerca de cinquenta quilômetros ao sul de Harar. Antes dele, nenhum branco jamais pisou nessa região. Nem mesmo o explorador britânico Richard Burton, que, igualmente disfarçado, foi o primeiro não muçulmano a penetrar Harar em 1854.

Rimbaud traz de volta uma quantidade considerável de peles de cabra e vaca que trocou por berloques e tecidos de algodão. Essa viagem, que durou quinze dias, deixa-o doente mais uma vez. E ele se pergunta se não pegou malária, cólera ou tifo – doença esta que começa a infestar a cidade, matando todos os dias dezenas de pessoas que os soldados egípcios jogam em valas comuns, fora do alcance dos curiosos. A menos que esteja com sífilis.

Por sorte, é apenas uma febre forte. Porém, ao sair da cama, as coisas não melhoram muito, já que tem cada vez mais a sensação de estar se dedicando a uma tarefa idiota e absurda em Harar. Ah, se ao menos pudesse conduzir outras expedições por territórios inexplorados!

Ou ser o diretor da filial!

Como lhe recusam esse cargo, em setembro ele pede demissão a Alfred Bardey, que não a aceita. Mesmo porque, em 10 de novembro de 1880, Rimbaud assinou com a empresa lionesa um contrato perfeitamente legítimo, que se encerra apenas no fim de 1883. No entanto, algumas semanas depois, Bardey propõe que ele volte a trabalhar em Áden. Não tanto por ser bondoso e compreensivo, mas porque precisa fazer uma substituição na sucursal.

Em janeiro de 1882, Rimbaud está de volta ao golfo. Ele retoma o serviço na oficina de triagem de café – uma tarefa não muito exigente e que lhe deixa tempo para pensar em um novo projeto: escrever para a Sociedade de Geografia uma obra sobre Harar e sua região, ainda desconhecida dos europeus, com o subsídio de mapas, gravuras e fotografias. Ele acredita que a Sociedade de Geografia, que conta com Alfred Bardey entre seus membros, poderia dar-lhe uma verba para o trabalho e pagar outras viagens. Mas, para tanto, precisaria de uma câmera fotográfica e de instrumentos de medição apropriados.

Em sua mente, apenas uma pessoa pode conseguir isso para ele na França: Ernest Delahaye. Assim, escreve-lhe uma carta na qual lista tudo de que precisa, a saber: um teodolito de viagem de pequenas dimensões, um sextante, uma bússola de reconhecimentos de nível, um barômetro aneroide de bolso, uma trena de agrimensor de lona, um estojo de matemática contendo uma régua, um esquadro, um transferidor, um compasso de redução, um decímetro, um tira-linhas e papel de desenho. Lista à qual é preciso acrescentar diversos livros práticos, como o *Anuário da República Francesa apresentado ao governo pelo Departamento de Longitudes para o ano de 1882* e *Instruções para os viajantes assistentes de pesquisa...*[3a]

Ele sonha. Imagina-se explorando e sondando terras desconhecidas no coração da Somália. Imagina-se também em Zanzibar, com seus instrumentos, papéis e lápis na mão. Ou na ilha de Pemba, no oceano Índico, a qual, ao que se diz, é repleta de mistérios. Imagina-se geógrafo, recebido com grandes pompas em Paris pela erudita Sociedade de Geografia graças à qualidade e à originalidade de seus trabalhos e pesquisas.

Enquanto isso, os meses passam uns depois dos outros, e ele continua sob o implacável sol de Áden, na mesma empresa Mazeran, Viannay, Bardey et Cie, no mesmo ateliê de triagem de café, ainda que, de vez em quando, realize algumas viagens arriscadas a certas localidades perdidas da Abissínia.

Suas distrações são mínimas: passear junto às imponentes cisternas da rainha de Sabá, perfuradas no flanco das montanhas, uma das únicas curiosidades da cidade, recentemente restauradas pelos ingleses; escalar uma das colinas áridas dos arredores de Áden; carregar sua lassidão às casas de jogo perto do porto; visitar as ilhas de Perim e Bahrein, sob o protetorado da Inglaterra... Ele espera uma promoção. Pensa que poderia substituir Alfred Bardey caso este, segundo o rumor que corre, voltasse para a França.

Em novembro, uma boa notícia chega de Roche: sua "bagagem fotográfica"[4] foi enfim comprada por um dos responsáveis da empresa que voltara a Lyon. Contudo, essa boa notícia é acompanhada de uma má: a sra. Rimbaud não vê por que deveria arcar com os custos dessa *bagagem*, que ela considera elevados demais (1.850 francos). E, na carta que escreve ao filho, declara sem rodeios que não quer mais se envolver com seus negócios.

Em Ogaden

Rimbaud considera "entristecedora" a atitude de sua mãe recusando-se a cobrir suas despesas, ele que está a "milhares de léguas de casa", viajando entre "povos selvagens". "Se não posso mais nem mesmo me dirigir à minha família para os meus pedidos", escreve à sua mãe, "a quem diabos me dirigirei?" Sem os livros que pede para ela comprar, ele não terá acesso a "uma quantidade enorme de informações" que lhe são "indispensáveis", ficará "como um cego".[1] Isso o revolta e irrita: em seu dia a dia de trabalho em Áden, costuma se zangar por um sim ou por um não.

Certo dia, ele dá uma bofetada em um trabalhador na frente de todo mundo, alegando que o homem o teria desrespeitado. Um gesto desproposital que quase desencadeia um motim. Os outros funcionários precipitam-se para cima dele e imobilizam seus braços, de modo que o trabalhador afrontado possa bater-lhe na cara e ameaçá-lo de morte se tiver a audácia de repetir o gesto. E não para por aí: o trabalhador dá queixa à polícia municipal por agressão e alega que seu ofensor atacou-o com uma faca. Todos os empregados de serviço, acrescenta mentirosamente, poderiam testemunhar. Faz-se necessária a intervenção do vice-cônsul da França em Áden, Albert Delagenière, assim como a mediação de Alfred Bardey, o patrão, para que o deplorável incidente não leve a consequências extremas.

Apesar disso tudo, em março de 1883, Rimbaud renova seu contrato com a empresa lionesa até o fim de 1885 e é nomeado diretor do escritório de Harar. Como continua pensando em redigir uma obra sobre a região, e nesse meio-tempo os livros que encomendou à sua família e sua famosa "bagagem fotográfica" chegaram (a sra. Rimbaud acabou pagando por tudo), esse novo cargo lhe agrada. Aliás, a função vem acompanhada de missões comerciais a serem realizadas em terras inexploradas, no sudeste da Abissínia.

Ao chegar a Harar, ele se instala na antiga residência do governador egípcio Raouf Pacha, a única casa assobradada cuja fachada dá para uma grande praça, logo na entrada da cidade. Bem perto ficam as velhas muralhas fortificadas, construídas entre os séculos XIII e XIV.

Entretanto, e isso se tornou nele um triste hábito, um mal recorrente e terrível, ele se sente rapidamente tomado de tédio – algo que não pode deixar de confidenciar a seus caros amigos das Ardenas:

> A vida é assim, e a solidão é uma coisa ruim cá embaixo. De minha parte, sinto não ser casado e ter uma família. Mas, no momento, estou condenado a errar pelo mundo, atrelado a uma empresa distante, e a cada dia que passa perco o gosto pelo clima, pela maneira de viver e até mesmo pela língua da Europa.
> Pobre de mim! De que valem essas idas e vindas? Todo este esforço sem fim e estas aventuras entre raças estranhas, e estes idiomas que me enchem a cabeça, e este sofrimento sem nome: de que serve tudo isso se não poderei, um dia, repousar em um lugar do meu agrado e formar uma família e ter ao menos um filho com quem passar o resto de minha vida, educá-lo conforme minhas ideias, enriquecê-lo e equipá-lo com a instrução mais completa que se possa conseguir na época atual, e que eu veja tornar-se um engenheiro famoso, um homem a quem a ciência fará rico e poderoso? Mas como vou saber quanto podem durar os meus dias nestas montanhas? Posso desaparecer no meio destes povos sem que ninguém fique sabendo.[2]

E fatalista, quase derrotista quanto a tudo que o fazia vibrar na época heroica da Comuna e nas suas discussões efervescentes com Charles Bretagne em Charleville, acrescenta:

> Vocês me contam as notícias políticas. Se soubessem como tudo me é indiferente! Há mais de dois anos não toco num jornal. Todos esses debates me são incompreensíveis agora. Como os muçulmanos, sei que o que acontece, acontece, pronto.

> A única coisa que me interessa são as notícias de casa e fico sempre alegre ao imaginar a cena do seu trabalho pastoral. É pena que o inverno aí seja tão frio e lúgubre![3]

Como remédio contra esse tédio visceral, incurável, arranjou agora uma novíssima distração: a fotografia. Entre as fotos que tira, estão diversas cenas da vida local e alguns retratos, sobretudo de empregados da firma, mas também autorretratos que envia por carta a Charleville. Em um deles, está usando um chapéu militar, calças brancas e um paletó escuro cujo reverso ele segura com a mão direita, enquanto a mão esquerda repousa sobre uma balaustrada, a do terraço de sua residência em Harar. Em outro autorretrato, está vestido com blusa e calças brancas, tem os braços cruzados no peito e encontra-se diante de um tronco de árvore e de um arbusto florido. Seu ar é resignado, perdido em reflexões. Quase poderia ser comparado a um preso.

Também procura atenuar seu tédio esforçando-se para tomar algumas iniciativas. Em agosto, organiza uma expedição comercial que confia a Constantin Sotiro, um grego como Constantin Rhigas, o único europeu a seu serviço, apreciado por sua coragem e por seus talentos diplomáticos e, o que não é insignificante, que conhece bem o Alcorão. Trata-se de entrar em contato com as tribos do Ogaden, um gigantesco território meio desértico, meio selvagem, entrecortado por extensas estepes de ervas altas e formações pedregosas, estendendo-se ao sudoeste da Abissínia e incluindo parte da Somália.

Essa expedição é bastante arriscada: as autoridades egípcias não encaram com bons olhos as incursões pelos recônditos selvagens do país, sobretudo quando são conduzidas por europeus. E os povos ogadens, por sua vez, têm a sinistra reputação de não gostar dos brancos e de viver em autarquia. Algumas tribos, correm os rumores, que vivem em acampamentos espalhados pelas estepes, seriam até mesmo antropófagas e ávidas de carne branca. A expedição prova-se ainda mais temerária porque, no início do mês, o explorador italiano Pietro Sacconi e três de seus companheiros foram massacrados perto do rio

Wabi por uma horda de indígenas. Isso ocorreu após zombarem deles, é verdade, e terem se comportado de maneira altiva e depreciativa, como se estivessem em terra conquistada.

Bem perto do rio Wabi, o qual alcança sem percalços, Sotiro descobre um povo nômade e pastoral que nunca havia visto um homem branco, além de terras onde desfilam crocodilos, elefantes, girafas, gazelas, hipopótamos e enormes bandos de avestruzes, "um verdadeiro paraíso para caçadores".[4] Ele fica espantado ao constatar que esses avestruzes são idolatrados pelos chefes das tribos, guardados pelas crianças e alimentados separadamente dos outros animais. Assim, completa a missão com grande sucesso, permitindo que a Mazeran, Viannay, Bardey et Cie abra novos mercados. Aliás, três outras expedições pelo Ogaden são logo organizadas, e cada uma delas obtém resultados muito positivos – mesmo que Sotiro seja feito refém em uma delas, permanecendo entre as mãos dos guerreiros de uma tribo durante duas semanas e sendo libertado apenas após o pagamento de um resgate. Rimbaud participa em pessoa da terceira delas. Em dezembro, graças às múltiplas anotações de Sotiro, ele redige um relatório objetivo e detalhado que envia a Alfred Bardey, preocupando-se em descrever tanto o clima quanto a fauna e a flora, assim como os ritos, as tradições e os costumes. A ocupação diária dos ogadens, relata, é "acocorar-se em grupos debaixo das árvores, a alguma distância do acampamento, com as armas nas mãos. Ali discutem interminavelmente sobre seus diversos interesses pastoris".

> Além dessas sessões, e também das patrulhas a cavalo para a busca de água e saques aos vizinhos, eles são completamente inativos. As crianças e as mulheres tomam conta dos animais, da confecção de utensílios domésticos, da preparação das cabanas e do despacho das caravanas.
> [...]
> Os ogadens não conhecem nenhum minério.
> São muçulmanos fanáticos. Cada acampamento tem seu imame, que canta as orações nas horas certas. Há *wodads* (letrados) em cada tribo; eles conhecem o Alcorão e a escrita árabe e são poetas improvisadores.

> As famílias do Ogaden são bastante numerosas. O *abban* do sr. Sotiro tinha sessenta filhos e netos. Quando a esposa de um ogaden dá à luz, este se abstém de qualquer relação sexual com ela até que a criança seja capaz de andar sozinha. Naturalmente, ele casa-se com uma ou várias outras nesse intervalo, mas sempre com as mesmas reservas.[5]

Considerando que esse relatório apresenta um verdadeiro interesse científico, Bardey o envia a Paris, para a Sociedade de Geografia. Assim estimulado, Rimbaud continua pensando que uma bela carreira de geógrafo lhe está reservada. Porém, enquanto se prepara para partir ao Ogaden, os acontecimentos políticos precipitam-se.

Após diversos reveses militares, o exército egípcio está a ponto de deixar Harar e sua província, agora em disputa entre Joannes IV, rei do Tigré e de Ambara e imperador da Abissínia desde 1872, com o apoio da Grã-Bretanha, e seu vassalo Menelik, rei de Choa, nascido em Ankober em 1844.

Joannes IV e Menelik são ambos soberanos cristãos, pois uma grande parte da Abissínia se convertera ao cristianismo após o Concílio da Calcedônia em 451. No entanto, a luta fratricida não é menos inclemente por causa disso, muito embora o país, o país de ambos, seja constantemente cobiçado pelos estrangeiros: os egípcios do quediva Ismail; os madistas sudaneses, partidários de Mohamed Acmet, o Mádi, e fundamentalistas muçulmanos fanáticos; os italianos, em seu projeto de criar colônias, tanto ao longo do mar Vermelho quanto nos planaltos; por fim, os ingleses, que procuram solidificar o poder do Império Britânico...

Contudo, o que mais afeta Rimbaud é o fato de a empresa para a qual trabalha se encontrar em grandes dificuldades financeiras na Europa e estar prestes a ser liquidada, ainda que as sucursais de Áden e de Harar estejam dando lucro.

Em 23 de abril de 1884, Rimbaud é demitido, mas recebe "uma indenização de três meses de salário, até o fim de julho".[6] Ele volta a Áden sem demora, esperando encontrar outro trabalho, de preferência numa empresa que lhe dará a oportunidade de viajar e descobrir terras distantes. Ao mesmo tempo, ele se pergunta se não poderia comprar uma plantação em Harar ou em seus arredores, com seus próprios recursos. Isso seria sem dúvida preferível, pensa, para a jovem abissínia nativa de Choa, grande, magra e discreta, com quem vive há algum tempo e que é frequentemente vista a seu lado à noite, em geral vestida à moda europeia, com um cigarro egípcio apoiado nos lábios.

Alfred Bardey pede-lhe para não deixar Áden. Anuncia que tem a intenção de criar um novo negócio nessa região do Oriente e que, se alcançar seus objetivos, certamente recorrerá aos serviços de Rimbaud.

Rimbaud não acredita muito nisso. Teme que os conflitos que estão estourando a todo momento no golfo acabem por frear os investidores. Mas em junho Bardey, tendo conseguido reunir fundos em Marselha, o recontrata por seis meses, oferecendo-lhe o cargo de comprador de café em sua nova empresa, à qual deu o nome de seu irmão, Pierre Bardey.

Rimbaud conta tudo isso a seus caros amigos ardenenses. Não sem instruí-los sobre as singulares condições climáticas de Áden:

> Já se passou um mês desde que comecei meu novo trabalho, e espero passar os outros cinco bastante bem. Estou até contando com a possibilidade de ser recontratado depois.
> O verão vai terminar em dois meses, ou seja, no final de setembro. O inverno aqui dura seis meses, de outubro ao fim de março. Chamam de inverno a estação na qual o termômetro desce às vezes a 25 graus (acima de zero); é portanto sempre tão quente como o verão de vocês, e às vezes nunca chove durante todo o inverno. Quanto ao verão, faz sempre 40 graus. É bastante irritante e bastante debilitante. Assim, procuro todas as oportunidades para ser contratado em outro lugar.[7]

No entanto, os negócios vão mal. E, nos meses que se seguem, tudo deixa supor dificuldades em breve. Rimbaud está consciente de que não é nada fácil fazer comércio no golfo de Áden.

> Por aqui, quem não for um grande comerciante, com capital e créditos consideráveis, quem tiver apenas poucos capitais, tem muito mais possibilidade de perdê-los do que de vê-los frutificar; pois estamos cercados de mil perigos; e a vida, se quisermos viver com um pouco de conforto, custa mais do que se pode ganhar. Neste momento, no Oriente, os empregados são tão mal pagos quanto na Europa, e sua sina é bem mais precária, devido aos climas funestos e à vida enervante que se leva aqui.[8]

Politicamente, o futuro é incerto. Dizem que o emir Abdullahi é o novo homem forte de Harar e que tem uma assustadora ideia fixa: massacrar todos os cristãos que ali vivem, sejam eles brancos ou negros. Dizem também que os ingleses estão fazendo jogo duplo para defender seus interesses, adulando ora os senhores abissínios ora os egípcios. Em todo caso, em nova carta a sua família, datada de 30 de dezembro de 1884, Rimbaud os acusa sem rodeios:

> São justamente os ingleses, com sua política absurda, que no momento arruínam o comércio de toda a costa. Quiseram remodelar tudo e conseguiram fazer pior que os egípcios e os turcos, a quem arruinaram. O Gordon é um idiota, o Wolseley* um burro, e todos os seus empreendimentos uma sequência insensata de absurdos e depredações.[9]

Mas ele também deplora a política colonial e todas as "besteiras" da França no mar Vermelho. Ele a julga "inepta" e acredita que todo o dinheiro foi desperdiçado "em lugares impossíveis".[10]

Ora, em 10 de janeiro de 1885, surpreende-o saber por Pierre Bardey que seu contrato será prolongado até 31 dezembro daquele ano. Porém, não se alegra demais. Sabe que qualquer detalhe poderia fazê-lo perder o emprego de novo – esse emprego que não lhe proporciona nenhuma satisfação e que abandonaria de bom grado se arranjasse outro mais interessante e mais *humano*, num clima menos infernal.

---
* Trata-se do general Charles Gordon, governador do Sudão, e do general Joseph Wolseley, do Egito.

E por que não em Bombaim, na Índia, ou no golfo de Tonquim? Ou ainda na América, no canal do Panamá, cuja obra, iniciada em 1881, está longe de terminar?

Enquanto reflete sobre essas questões e as reexamina, Rimbaud conhece em Áden, no início do mês de outubro, um certo Pierre Labatut. Natural da Gasconha, esse homem de 43 anos começou como mascate na França e na Itália, para depois se tornar empreendedor no Egito, antes de se instalar em Ankober, a capital de Choa, em 1872, onde se casou com uma abissínia. Desde então, enriqueceu vendendo tudo o que fosse vendável, inclusive seres humanos, homens, mulheres e crianças. Ele possui terras, rebanhos de cavalos e de mulas, além de muitos escravos, no meio dos quais vive como um chefe etíope. E gaba-se de conhecer Menelik, de quem conquistou a amizade e a confiança, e de ser um de seus conselheiros mais ouvidos.

Pierre Labatut não é de fazer rodeios. Ele oferece a Rimbaud um trabalho deveras lucrativo: comprar armas fabricadas na Bélgica e na França e vendê-las em seguida na Abissínia com um lucro substancial.

De armas em punho

Rimbaud tem pelo menos uma boa razão para aceitar, sem pestanejar, a proposta de Pierre Labatut: sente-se entediado na empresa de Alfred Bardey. Mas há outro motivo: nessa região do mundo que interessa às principais potências europeias, a venda de material de guerra mexe com a imaginação de todos e, visivelmente, dá um bom dinheiro. Portanto, já que a oportunidade se apresenta, é melhor aproveitar. E depois, graças a seu trabalho em Áden e em Harar, ele conseguiu juntar um bom dinheiro e está disposto a investir grande parte no negócio. O trabalho consiste em ir entregar armas a Menelik, que deseja rechaçar as tropas do imperador Joannes IV – que tem o apoio dos ingleses –, para além das fronteiras de Choa e capturar Harar e sua região. A entrega deve acontecer em Ankober, uma das mais antigas cidades abissínias, construída a uma altitude de 2.760 metros e com uma população de mais de dois mil habitantes.

Depois de deixar seu emprego e associar-se com Labatut, Rimbaud instala-se no Hôtel de l'Univers em Áden – o melhor estabelecimento da cidade, onde se hospedam em geral os europeus de passagem – enquanto espera a oportunidade de poder levar para Ankober os velhos fuzis a pistão, de mais de quarenta anos, que conseguiu arranjar sem muita dificuldade. O ponto de partida da expedição é Tadjura, um pequeno porto situado na costa somaliana, anexado à colônia francesa de Obock há um ano. Porém, a espera é longa, e apenas em dezembro Rimbaud parte para Tadjura a fim de recrutar carregadores e cameleiros e de equipar uma caravana. Ele vai só, pois decidiu não mais viver com sua jovem companheira abissínia, sua "mascarada".*

Como as armas e as munições ainda não chegaram, ele procura maneiras de se distrair, mas logo constata que está

---

* O termo é do próprio Rimbaud, de uma carta escrita em 1886 a Augusto Franzoj, um explorador e jornalista italiano que ele conheceu em Tadjura.

num buraco vazio, num lugar onde não existe nem mesmo um píer para embarcar e desembarcar. Apenas algumas dezenas de choças de terra batida; mesquitas caiadas um pouco mais altas que um homem; pequenos cemitérios; um minúsculo palácio, construído com folhas de palmeiras trançadas, ocupado por um sultão de araque; seis soldados franceses sob as ordens de um sargento que comanda um posto de guarda instalado em um forte construído outrora pelos egípcios... O único comércio nativo um pouco florescente é o de escravos. É possível trocar uma moça jovem por um punhado de sal.

Ao dar notícias à sua família, Rimbaud comenta que em Tadjura, sob o protetorado francês, "o tráfico não é incomodado" e que "é muito melhor assim".[1]

A mercadoria finalmente chega em fevereiro de 1886. Contudo, por requerimento expresso da Inglaterra e segundo uma convenção franco-inglesa de 1884, as autoridades francesas suspendem as licenças de exportação de armas para a Abissínia e não expedem mais nenhuma autorização de comércio. Essa situação deixa Rimbaud possesso. De comum acordo com Labatut, ele escreve uma longa carta de reclamação ao ministro das Relações Exteriores em Paris, na esperança de obter uma exceção.

Em sua missiva, explicita que Labatut e ele são "negociantes franceses estabelecidos há dez anos em Choa, na corte do rei Menelik"[2], e fornece uma profusão de detalhes sobre o negócio: a compra e a manutenção do material, os custos (dentre os quais os adiantamentos perdidos), as taxas, os salários, as formas de pagamento, os descontos... Não esquece tampouco de precisar o número de fuzis a bala (2.040) e de cartuchos Remington (sessenta mil) a serem entregues, assim como o valor total da caravana em dólares (quarenta mil). "Nós nos envolvemos nesse negócio único com todo o nosso capital, todo o nosso material e o nosso pessoal, todo o nosso tempo e até mesmo a nossa vida"[3], insiste.

Mais adiante, menciona que não haveria correlação entre a importação de armas e a exportação de escravos, um tráfico existente entre a "Abissínia e o litoral desde a mais remota antiguidade em proporções invariáveis". "Nossos negócios", continua, "são completamente independentes dos tráficos obscuros dos beduínos. Ninguém ousaria afirmar que um europeu tenha alguma vez vendido ou comprado, transportado ou ajudado a transportar um único escravo, no litoral ou no interior." E acrescenta: "Além disso, a interdição da importação das armas destinadas a Choa terá como resultado único, certo e imediato, suprimir radicalmente as relações comerciais da colônia de Obock e da Abissínia".[4]

Em maio, Rimbaud recebe enfim a autorização requisitada. Sem demora, põe-se a negociar com os nativos e procura reunir guias, cameleiros, camelos, mulas e víveres. Sem esquecer guardas armados, pois a caravana corre a todo momento, tanto de dia quanto de noite, o risco de encontrar hordas selvagens em seu caminho. Ele não consegue tirar da cabeça o assassinato de dois europeus: o explorador francês Léon Barral, em fevereiro, e o explorador italiano Pietro Porro, em abril, ambos mortos em emboscadas sangrentas. Porém, quando as negociações estão prestes a ser concluídas, chega de Áden a notícia de que Pierre Labatut ficou gravemente doente e será repatriado com urgência para a França.

Diante desse derradeiro golpe, Rimbaud hesita.

Deveria partir sozinho para Ankober?

Sim, seria concebível. Com exceção do fato de não conhecer Menelik, alguém que não merece nenhuma confiança, que tem a reputação de malandro e falso, capaz de voltar atrás em sua palavra e, em função de seus interesses, renegar alianças. Ele considera então unir sua caravana à de um outro francês que também tem a intenção de ir para Choa, o explorador e agente comercial Paul Soleillet.

No golfo de Tadjura desde 1882, Soleillet conhece bem a África e, em particular, a região de Ankober, mas é sobretudo um dos interlocutores privilegiados de Menelik e seu principal fornecedor de material militar. Em contrapartida, o rei deu-lhe uma casa e terras. E, para completar, conferiu-lhe o título de general.

Com a autorização oficial que recebeu, Rimbaud acredita que sua ideia tem muitas chances de dar certo. O problema é que Soleillet está em Áden e só voltará a Tadjura no fim do mês de agosto.

Mais uma vez, Rimbaud é obrigado a ter paciência e a adiar a data de sua partida. Porém, eis que em setembro ele fica sabendo que Soleillet acaba de morrer, fulminado no meio da rua, aos 44 anos, por uma embolia. Então, como uma má notícia nunca vem desacompanhada, anunciam-lhe que Labatut também faleceu. E, triste coincidência, exatamente com a mesma idade!

Como os contratempos e as dificuldades não param de se acumular, Rimbaud só vê uma solução: conduzir sozinho a caravana. Do contrário, ele correria o risco de perder todo o seu dinheiro, e o negócio, que parecia tão rentável quando Labatut o apresentara, seria um fiasco.

É somente em outubro, portanto, cerca de dez meses após desembarcar em Tadjura, que Rimbaud pode enfim carregar as armas e pôr-se à frente de um comboio composto de quase uma centena de mulas e camelos e 34 abissínios armados até os dentes.

O caminho até Ankober é um inferno. Não apenas por conta das tribos ferozes – como a dos danakils, a mais temível de todas, para a qual o assassinato é um título de glória –, ou por causa das hordas selvagens que não param de brigar umas com as outras nem de assaltar e massacrar os viajantes e os exploradores.

Há também o calor. Um calor inimaginável, que ultrapassa frequentemente os 60 graus. Um sol que, há milênios, aspira a umidade e não deixa senão um depósito de sal nas bordas do lago Assal, um mar morto, o lugar mais lúgubre da região, "mais horrível ao meio-dia do que a qualquer outra hora do dia".[5] Um solo enrugado e pedregoso, no qual a cada passo pode-se perder o equilíbrio. Montanhas abruptas, que é preciso escalar ou descer com velocidade entre enormes blocos de lava e basalto.

Há também a sede. E embora tenham levado água, esse tesouro precioso é transportado em odres de couro untados, tanto dentro quanto fora, com uma gordura rançosa e, por causa da temperatura extrema, o líquido tornou-se viscoso, nauseabundo, quase intragável, uma maceração nem um pouco agradável, cheia de pelos de cabra. E as diarreias pegam cada um de surpresa.

Acima de tudo, há uma angústia indescritível, que aperta a garganta, que não os abandona mais e que os impede, à noite, de fechar os olhos... Os abissínios estão sempre alertas, temendo vampiros que os levariam para além das montanhas...

Essa marcha dantesca, "por caminhos horríveis que lembram o suposto horror das paisagens lunares"[6], dura quase quatro meses. Quando a caravana chega enfim a Farré e, vinte quilômetros adiante, a Ankober, em fevereiro de 1887, Rimbaud é um homem acabado. Emagreceu, tem dificuldades para andar e sente uma dor atroz no joelho direito.

Para completar, tem a decepção de saber que Menelik deixou Ankober e foi guerrear contra o emir Abdullahi, em Shalanko, a cerca de sessenta quilômetros a oeste de Harar.

> A ofensiva durou apenas quinze minutos, pois o emir tinha apenas algumas centenas de Remingtons, e o resto de sua tropa combatia com armas brancas. Seus três mil guerreiros foram mutilados e arrasados num piscar de olhos pelos do rei de Choa. Cerca de duzentos sudaneses, egípcios e turcos, que ficaram junto de Abdullahi após a partida egípcia, pereceram com os guerreiros galas e somalis. E foi o que mandou dizer na sua volta aos soldados de Choa, que nunca haviam matado brancos: que traziam os testículos de todos os franguis* de Harar.
>
> [...] Dias depois Menelik entrou na cidade de Harar sem resistência e, tendo deixado suas tropas do lado de fora, não houve nenhuma pilhagem. O monarca limitou-se a baixar um imposto de 75 mil táleres** sobre a cidade e a região, a confiscar, segundo o direito de guerra abissínio, os bens móveis e imóveis dos vencidos mortos na batalha, e a levar, em pessoa,

---

* É assim que os abissínios costumam designar os europeus.

** Essa moeda de prata, com a efígie de Maria Teresa da Áustria, circulou nos anos 1880 nos países do mar Vermelho e na Abissínia. Usavam também um novo táler, cunhado em Paris e chamado de talart. O táler vale mais ou menos treze euros atuais.

das casas dos europeus e de todos os outros, os objetos que lhe agradavam. Ordenou que lhe entregassem todas as armas e munições guardadas na cidade, até então propriedade do governo egípcio, e retornou para Choa, deixando três mil de seus fuzileiros acampados num monte próximo à cidade e confiando sua administração ao tio do emir Abdullahi, Ali Abu-Beker, que havia sido levado para Áden como prisioneiro durante a evacuação dos ingleses, para ser solto em seguida, e que seu sobrinho mantinha como escravo em sua casa.[7]

Ninguém é capaz de dizer a Rimbaud quando o rei de Choa voltará. Foi só o tempo de digerir mais essa decepção e já começa a brigar com seus guias e cameleiros que, com toda razão, reclamam o que lhes é devido em dinheiro vivo. Para conseguirem o pagamento, eles prestam queixa junto ao intendente geral de Menelik, o *azzaze* Walda Tadek. Em seguida, é a vez da sra. Labatut, a viúva abissínia de Pierre Labatut, mover um processo contra Rimbaud. Ela anuncia que seu marido deveria receber uma importante soma sobre uma entrega de marfim. Determinada, convicta de seus direitos, ela exige que Rimbaud, o *sócio*, pague-lhe tal quantia. Sentindo-se encurralado, não dispondo de nenhum documento escrito para se defender, ele consente.

Pouco depois, é informado de que Menelik está voltando de Harar com seu exército, mas que pretende antes parar em Entoto, em sua residência de verão, onde planeja construir a nova capital de seu reino – muito embora o local seja, por enquanto, composto de apenas uma centena de choças e protegido por uma simples cerca de gravetos. Fica a 120 quilômetros de Ankober. Imediatamente, Rimbaud pega a estrada, à frente de sua caravana. Por sorte, a viagem transcorre em condições bastante toleráveis, mesmo que, para atravessar os rios, seja preciso fabricar jangadas improvisadas, já que as pontes não passam de frágeis passarelas construídas com troncos de árvores.

Em Entoto, Rimbaud descobre que o soberano ainda está sendo esperado, mas que sua chegada é uma questão de dias. Ele é apresentado a um engenheiro suíço da sua idade, Alfred Ilg. Graças aos diversos trabalhos que realizou pela Abissínia desde 1879 com dois de seus compatriotas (entre outros, a canalização de água potável para dentro da cidade), graças também à sua honestidade e à sua inteligência, esse homem conseguiu ganhar a confiança de Menelik. Além disso, possui talentos notáveis de negociação.

Assim que o conhece, Rimbaud simpatiza com ele e, pela primeira vez em muito tempo, tem a impressão de estar na presença de alguém com quem pode conversar, trocar ideias, ainda que não compartilhem todas elas, e dar sua opinião livremente. Ele fala do carregamento de armas que veio entregar e pede-lhe que o apresente a Menelik. Alfred Ilg declara que está disposto a lhe prestar esse favor.

Em 6 de março, o rei faz sua entrada em Entoto, "precedido de músicos tocando trombetas egípcias encontradas em Harar" e "seguido de sua tropa e de seu saque, incluindo dois canhões Krupp, cada qual transportado por oitenta homens".[8] No entanto, ele só recebe Rimbaud, acompanhado de Alfred Ilg, alguns dias mais tarde. Sem muito entusiasmo, para dizer a verdade. Ele conseguiu armas e munições em Harar após a vitória sobre Abdullahi, e colocou as mãos num estoque de Remingtons, modelos de melhor qualidade que a dos fuzis antiquados que Rimbaud transportara tão sofridamente desde Tadjura.

Não, essa mercadoria não lhe interessa em absoluto. A não ser com um belo desconto. Baratinho.

Sem nenhuma negociação.

É pegar ou largar.

Estarrecido e impotente, como se tivesse uma faca na garganta, não muito experiente em negociações, ao contrário de Labatut e de Soleillet, Rimbaud é forçado a aceitar. Como temia, o negócio termina em um belíssimo fiasco. Contudo, Menelik não acabou ainda: por meio de mímicas dissimuladas e gestos adocicados, diz que o pagamento só poderá ser feito com letras de câmbio e que essas serão honradas por seu primo Makonnen, a quem nomeou governador em Harar.

Por fim, lembrou que o senhor Pierre Labatut devia-lhe dinheiro e que seria bastante adequado que Rimbaud liquidasse as dívidas de seu finado sócio.

Uma vida que "periclita"

Enquanto se prepara para partir rumo a Harar, Rimbaud conhece um outro europeu de passagem por Entoto. Trata-se de Jules Borelli, um explorador natural de Marselha, um ano mais velho do que ele, que empreendeu uma expedição a Choa a partir do Cairo, com o patrocínio do Ministério da Instrução Pública. Grande viajante, já esteve nos Estados Unidos, no Estreito de Bering, na Rússia, no Senegal, na Índia e até nas Ilhas Maurício. Assim como com Alfred Ilg, Rimbaud logo simpatiza com Jules Borelli, de tal modo que os dois decidem seguir viagem juntos. Eles têm, aliás, muitas coisas a contar um para o outro: Borelli, suas peregrinações pelos quatro cantos do planeta; Rimbaud, seu desgosto e sua frustração de ter sido enganado por Menelik.

A estrada para Harar, com mais de quinhentos quilômetros, é igualmente cheia de emboscadas. Além do terreno acidentado, ela guarda inúmeras marcas das batalhas sangrentas que opuseram Menelik aos madistas, os partidários de Mohamed Acmet, e às tribos rebeldes. Por toda parte se veem propriedades abandonadas ou quase completamente destruídas, cadáveres em putrefação, esqueletos de soldados e carcaças de bois e de cavalos abandonadas por animais selvagens após serem devoradas.

Em Harar, sob um calor canicular, o espetáculo é ainda mais desolador. A cidade fora saqueada de ponta a ponta e parece uma cloaca assustadora onde, entre mortos, detritos, ruínas e pestilência, os sobreviventes tentam o quanto podem se proteger das pilhagens, dos crimes e da peste. Um fator agravante é que as altas muralhas de pedra que cercam a cidade impedem que a imundície e os fedores nauseabundos se dispersem. Além disso, aqui não sopra a menor brisa. Os raros europeus que permaneceram na cidade entrincheiraram-se em casa e estão aguardando o pior...

Rimbaud tem pressa de receber o pagamento de sua letra de câmbio junto a Makonnen e de sair dali o quanto antes. Por ora, não sabe ainda para onde ir. Nem muito bem em que *aventura* embarcar. A única coisa de que tem certeza é que quer acabar de uma vez por todas com esse lamentável negócio de fuzis antiquados que montou com Pierre Labatut e que só resultou em catástrofe.

Mas logo acontece um novo contratempo: Makonnen só paga uma parte da dívida de Menelik, sob o pretexto de que está sem liquidez. Para o restante, dá a Rimbaud uma nova letra de câmbio a ser paga em Massaua, um porto pertencente à Itália desde 1884, na costa da Eritreia, no mar Vermelho. Aos 35 anos, Makonnen é sem dúvida menos malandro do que seu tio e é conhecido por ter excelentes contatos com os europeus e por colaborar com eles; porém, quando se trata de dinheiro, mostra-se irredutível.

Rimbaud sente-se roubado e impotente. Despede-se de Jules Borelli e, sem mais delongas, toma a estrada em companhia de um abissínio de dezessete anos, Djami Wadaï, que se tornou seu criado. Dessa vez, ele se dirige a Áden, onde chega em julho, depois de embarcar em Djibuti, e onde imediatamente presta contas ao vice-cônsul da França "da liquidação da caravana do finado Labatut". Essa operação, salienta, constituiu uma enorme perda para ele (mais de sessenta por cento de seu capital), além de ter-lhe custado 21 meses de fadigas atrozes.

> Em Choa, a negociação da caravana foi feita em condições desastrosas: Menelik apropriou-se de todas as mercadorias e forçou-me a vendê-las a preço reduzido, proibindo-me a venda no varejo e ameaçando-me de enviá-las de volta à costa às minhas custas!
> [...]
> Encurralado pelo bando de pretensos credores de Labatut, aos quais o rei sempre dava razão, enquanto eu mesmo não podia recuperar nada de seus devedores, atormentado por sua família abissínia que reclamava furiosamente sua herança, e recusava-se a reconhecer minha procuração, receei ser

> despojado por completo e decidi deixar Choa. Consegui obter do rei um título a ser pago pelo governador de Harar [...].
> O pagamento do título de Menelik se concretizou em Harar após consideráveis dificuldades e despesas, pois alguns dos credores me perseguiram até lá.[1]

Depois disso, ele volta a atravessar o golfo de Áden rumo a Obock e, de lá, embarca num navio com destino ao Egito, fazendo escala em Massaua.

Quando desembarca nesse porto, onde estão ancorados navios de guerra italianos, é detido por soldados italianos que suspeitam que ele seja um espião do governo francês. Para provar sua boa-fé diante das autoridades coloniais representantes do rei Umberto da Itália, ele exibe a letra de câmbio que recebeu de Makonnen. Entretanto, pedem-lhe mais do que isso: a prova escrita de que é de fato um negociante e de que não veio para Massaua por razões políticas. Dez dias correm antes que a confusão administrativa seja resolvida e que Rimbaud consiga enfim recuperar seu dinheiro. O preço de suas intermináveis labutas. O resgate de uma epopeia arriscada e miserável nos confins de terras hostis da Abissínia.

Em meados de agosto, ele chega ao Cairo, hospeda-se no Hôtel de l'Europe e deposita na agência do banco Crédit Lyonnais oito quilos de peças de ouro que transportou preciosamente em sua cintura, temendo a todo momento encontrar-se à mercê de algum ladrão.

Ele não está em sua melhor forma. Seus cabelos estão grisalhos. Ele sofre de disenteria e de reumatismo nos ombros e na região lombar, assim como de uma terrível dor articular na coxa esquerda que muitas vezes o deixa paralisado. Parece-lhe que sua "vida periclita".[2] E confessa à sua família:

> Estou extremamente cansado. Não tenho emprego no momento. Tenho medo de perder o pouco que possuo. [...]
> No entanto, não posso ir à Europa, por várias razões. Primeiro porque o inverno me mataria, depois estou acostumado demais à vida errante e gratuita; enfim não tenho mais uma situação social.

> Devo, portanto, passar o resto dos meus dias errando entre fatigas e privações, com a única perspectiva de morrer na labuta.
> Não ficarei aqui por muito tempo. Não tenho trabalho, e tudo é caro demais. Serei forçado a retornar para a costa do Sudão, da Abissínia ou da Arábia. Talvez siga para Zanzibar, de onde é possível fazer longas viagens pela África e, talvez, para a China, o Japão, quem sabe onde?[3]

No Cairo, sua única satisfação é o encontro com o irmão mais velho de Jules Borelli, Octave, advogado renomado sob o nome de Borelli Bey e um dos fundadores do *Bosphore égyptien*, um jornal "cotidiano, político e literário" de língua francesa. Graças à sua solicitude, Rimbaud consegue que o relato de sua viagem para Choa seja publicado em duas edições do jornal. Ele é precedido de uma curta chamada: "O sr. Rimbaud, viajante francês bastante conhecido, cuja chegada ao Cairo anunciamos recentemente, enviou-nos a seguinte carta, que apresenta um grande interesse e informações completamente inéditas sobre as regiões de Harar e Choa".[4]

Nada parecido com *Uma temporada no inferno* ou com as *Iluminações*. Não é mais um poeta que escreve, menos ainda um vidente, mas um geógrafo meticuloso, objetivo, revestido de cronista. No entanto, entre uma linha e outra, ele se permite fazer alguns julgamentos. Especialmente quando afirma que Menelik permanece "na mais completa ignorância (ou indiferença) quanto à exploração dos recursos das regiões que subjugou".[5] Como o parabenizam pela excelência do trabalho realizado, ele também envia seu artigo à França: para o *Le Temps*, o *Figaro* e o *Courrier des Ardennes*.

Ao mesmo tempo, diz para si mesmo que estaria disposto a empreender uma nova viagem para a Abissínia, caso se beneficiasse de uma subvenção da Sociedade de Geografia.* E envia a Alfred Bardey o itinerário da viagem que projeta realizar, pedindo-lhe para encaminhá-lo a quem possa interessar

---

* A sede da sociedade, fundada em 1821, fica no Boulevard Saint-Germain, número 184.

em Paris. Dezoito etapas no total, de Entoto a Harar, cada uma com a indicação exata das regiões e dos locais visitados, cada uma com a quilometragem a ser percorrida. Inclui até mesmo alguns detalhes pitorescos sobre a fauna, a flora e a agricultura. Assim ele menciona "arbustos e bosques de mimosas povoados de elefantes e animais ferozes" em Konella, "variadas culturas de algodão" no Mindjar, ou ainda, em Herna, cafezais e "esplêndidos vales coroados de florestas à sombra das quais as pessoas caminham".[6] Essa é a prova, a prova material de que ele sabe do que está falando, de que não é nenhum amador ou diletante.

Não recebe uma resposta sequer. A partir de então, completamente desamparado, ele se arrasta pelo Cairo, visita as pirâmides de Gizé, aventura-se até o sopé do monte Muqattam... E, após sete semanas de andanças e ociosidade, volta a Áden e a uma ocupação cujos mecanismos ele aprendeu a conhecer, mesmo que só lhe tenha causado contrariedades: o tráfico de armas.

Todavia, ele deseja dedicar-se legalmente a essa ocupação e, em 15 de dezembro, escreve uma carta ao ministro da Marinha e das Colônias, na qual lhe pede uma autorização oficial para importar material para fabricação de armas e de cartuchos para os territórios franceses da costa oriental da África. No mesmo dia, solicita apoio a um deputado das Ardenas, Jean-Baptiste Fagot, um dos patronos do *Nord-Est*, o jornal republicano de Mézières, informando-lhe que é natural de Charleville.

Como a autorização é recusada, Rimbaud começa a se atormentar. Até que recebe uma proposta bastante tentadora: conduzir clandestinamente a Harar uma caravana de mercadorias e armas – três mil fuzis e 150 mil cartuchos. Essa proposta vem de um negociante francês, Armand Savouré.

Com sua pequena estatura e sua corpulência, esse homem, que se encontra no momento em Paris, é bastante conhecido em Áden, onde, segundo a opinião geral, tem um faro para negócios e uma perspicácia – para não dizer artimanha – qualificados de temíveis.

Para Rimbaud, a proposta de Savouré parece quase rotineira: ele precisará de menos de um mês, de meados de fevereiro a meados de março de 1888, para conduzir a caravana a Harar – onde, graças a Makonnen, a vida retomou mais ou menos seu curso normal – e para voltar para o litoral.

Essa missão lhe dá algumas ideias.

E se ele se instalasse em Harar por conta própria? O que o impede de abrir um escritório comercial no mesmo modelo do de Mazeran, Viannay, Bardey et Cie, já que nenhuma empresa francesa tem representação na região? Esse por acaso não seria o remédio, o remédio mais eficaz, para essa vida que *periclita*?

Em meio aos trâmites que realiza, ele encontra um outro marselhês, César Tian. Esse homem, que já passou dos cinquenta anos, vive em Áden desde 1869, onde reside em uma casa grande e bela. Ele fundou uma empresa de importação e exportação cujas principais especialidades são couro, penas de avestruz, borracha e café. Quando Rimbaud conta-lhe suas intenções, Tian logo vê oportunidades e vantagens, então aceita colaborar com ele.

Juntos, ele entra em acordo para lançar um negócio cujos lucros serão equitativamente divididos entre ambos. Mas Rimbaud também obtém de Tian o direito de poder trabalhar por conta própria e com toda a independência.

Em maio, ele se estabelece em Harar. Aluga uma pequena casa na qual organiza seu escritório e de onde compra e vende mercadorias, na maioria das vezes com Tian, mas também com outras empresas comerciais do Mar Vermelho e do golfo de Áden. Sua gama de produtos é bastante ampla. Vai do café à vidraria, passando por produtos como marfim, couro, borracha, seda, algodão e instrumentos de precisão.

Embora seus negócios caminhem bastante bem, ele não fica feliz. Não tem nenhuma energia. Ao contrário, tem a terrível impressão de que sua vida "sem família, sem ocupação intelectual" não faz sentido; que o que ele faz, "perdido no meio dos negros", não serve para nada, a não ser para torná-lo cada dia mais neurastênico.

"Estou entediado", escreve à sua família em 4 de agosto. E acrescenta essas palavras terríveis: "Aliás, nunca conheci ninguém que se entediasse tanto quanto eu". E continua: "Porém, isso não é o mais triste: o mais triste é o temor de me tornar pouco a pouco embrutecido, isolado como estou e afastado de qualquer sociedade inteligente".[7]

Além disso, seu corpo sofre, especialmente sua perna direita. Talvez, diz a si mesmo, esteja com sinovite tuberculosa, esse terrível mal que levou sua irmã caçula, Vitalie, em dezembro de 1875...

Os problemas de saúde interferem em seu humor. As pessoas que negociam com ele, tanto os ocidentais quanto os autóctones, julgam-no cada vez mais grosseiro e desagradável. E também cada vez mais difícil nas transações, como se o lucro financeiro fosse tudo o que importasse a seus olhos.

De vez em quando, algum viajante vem visitá-lo. Em setembro, é o delicado Jules Borelli. Depois, seguem-se Armand Savouré, que fica um mês inteiro em Harar, e logo Alfred Ilg, o qual, de volta da Europa, chega à frente de uma caravana transbordando de materiais de guerra destinados a Menelik.

Rimbaud pode agora considerar o engenheiro suíço como um amigo e até mesmo como um confidente. Aliás, hospeda-o por várias semanas em sua casa. Durante as longas conversas que alimentam suas noites e das quais participam às vezes outros europeus da cidade, Rimbaud aprofunda seus conhecimentos sobre a complexa história da Abissínia desde a Antiguidade. Ao escutá-la, ele volta a considerar seu projeto de escrever uma obra dedicada a esse país gigantesco, rude e terrível ao qual, por força das circunstâncias, acabou por se habituar. Seria "uma coisa boa, útil"[8], escreve aos seus. Quanto a se pôr ao trabalho...

Até que, em uma manhã de novembro de 1888, Harar desperta sob o choque: Menelik e Joannes IV, segundo dizem com estupor, declararam guerra.

O terror dos cães

Durante as primeiras semanas de 1889, os ecos da guerra chegam a Harar apenas em fragmentos, mas o comércio entre a cidade, Choa e o mar Vermelho foi seriamente afetado. Sente-se que o clima está desfavorável para os brancos, sobre os quais Menelik e seus partidários exercem pressões muito fortes. E, se de fato está, é porque as grandes nações europeias resolveram suas próprias disputas e assinaram um tratado para dividir a costa entre elas, impedindo para sempre que a Abissínia tenha uma saída para o mar. Esse tratado estipula, em particular, que a França abandone pouco a pouco Obock e concentre todas as suas atividades em Djibuti. Assim, apenas os italianos são poupados por Menelik, pela simples e única razão de que Joannes IV está em conflito armado contra eles e odeia o fato de eles terem se apropriado de territórios costeiros de seu império...

A despeito das dificuldades políticas, Rimbaud tenta se arranjar como pode e vai levando seus negócios, sobretudo com Armand Savouré. Este, por sua vez, continua importando clandestinamente armas e munições para o país. Rimbaud prefere manter-se prudente, sabendo que o menor deslize seria fatal.

Certo dia, contudo, ele é agredido depois de ter supostamente envenenado cães que defecaram nas peças de couro guardadas perto de sua casa. A vizinhança alega que esse envenenamento, de que Rimbaud seria o único responsável, também teria matado diversos carneiros. Ameaçam prendê-lo, expulsá-lo da cidade e apreender todas as suas mercadorias. O incidente não vai muito além disso, mas Rimbaud recebe em Harar o maldoso apelido de "o terror dos cães".*[1]

Em 11 de março, outra notícia deixa a cidade e a região em comoção: a morte de Joannes IV. O imperador, que

---

* A expressão é de Armand Savouré.

estava há dezessete anos no poder, sucumbiu aos ferimentos recebidos numa batalha contra os madistas, perto da fronteira sudanesa. Em Entoto, onde se encontra, Menelik tem todas as razões para ficar eufórico. A partir de agora, nada mais pode impedi-lo de se tornar o próximo rei dos reis. Cheio de orgulho, malicioso, capcioso, intratável, ele sonhava com isso havia anos, e essa ambição suprema está prestes a se realizar.

Assim que Menelik é elevado ao ranque de negus* em julho, com uma cerimônia na aldeia de Entoto (e não mais, como todos os imperadores que o precederam, em Axum, no nordeste do país), ele começa a praticar uma política de repressão e de controle acirrado. Obriga todos os estrangeiros residentes na Abissínia a disponibilizar um empréstimo. Também procura recuperar os inúmeros objetos de arte e manuscritos sagrados que os ingleses usurparam em 1868, o ano em que o exército britânico realizou, impune e sistematicamente, uma pilhagem cultural no país. Sua intenção é conservá-los em uma cidade que pretende construir não muito longe de Entoto e que seria a nova capital do império: Adis-Abeba.

Em uma carta que envia a Alfred Ilg, Rimbaud lamenta:

> Desde a chegada de Menelik ao poder, assistimos a um espetáculo de que o país nunca foi testemunha, nem nos tempos dos emires, nem no tempo do turcos, uma tirania horrível, odiosa, que deve desonrar por muito tempo o nome dos povos amaras em todas as regiões e ao longo de toda a costa – desonra que certamente respingará sobre o nome do rei.
> [...] As pessoas da cidade são sequestradas, espancadas, desapropriadas, aprisionadas para que o máximo possível das somas exigidas lhes seja extorquido. Cada habitante já pagou três ou quatro vezes nesse meio-tempo. Todos os europeus, assimilados aos mulçumanos, devem pagar esse imposto. Cobraram-me Th.** 200, dos quais paguei a metade, e temo que me tomem os outros Th. 100, ainda que também tenham me forçado a emprestar dinheiro, Th. 4.000, da maneira mais arbitrária, mais bandidesca possível.[2]

---

* Título de soberano na Abissínia. (N.E.)

** Trata-se de táleres.

Para alcançar seus fins, os agentes e auxiliares de Menelik não tratam com muita delicadeza. Pegam o dinheiro à base de ameaças, não entregam nenhum recibo e não se dão ao trabalho de responder em que data o empréstimo obrigatório será restituído.

Tudo isso abate terrivelmente Rimbaud. Ele pergunta a si mesmo se conseguirá se manter e se não será obrigado a renunciar a suas operações comerciais. Como "viver aqui", escreve a Alfred Ilg, "com a perspectiva de ver seu caixa violado dia após dia, sendo forçado a emprestar dinheiro a um governo que nos deve dinheiro? [...] Quero estar pronto para liquidar a firma a qualquer momento e, por enquanto, estou procurando encaminhar as mercadorias de importação que ainda restam e fazer entrar algum crédito". Ao mesmo tempo, pensa que seria bom "deixar passar a tempestade do imposto real".[3] Com certeza, haverá dias melhores, prefere acreditar.

Em geral, ele fica sozinho. Evita os cafés onde se reúnem alguns raros ocidentais de passagem por Harar e gosta de passear longe da cidade, a pé ou a cavalo, durante horas, percorrendo quilômetros e quilômetros ao acaso, às vezes cinquenta por dia, pelas montanhas abruptas.

Quando volta, à noite, joga-se na cama, exausto, vencido pelo cansaço. E agora mal pode contar com Djami Wadaï, seu jovem criado, que se casou e acaba de ter um filho. As pessoas a seu serviço mudam frequentemente. Ele não presta atenção. Não sabe muito bem como lidar com esse mal que o corrói por dentro e que se chama tédio.

Ele tampouco lê. Não sente mais a necessidade insaciável de se familiarizar com as ciências e as técnicas, como logo que chegou ao continente africano. Seu humor varia. Ora está mal-humorado, evita a companhia de seus semelhantes e suspeita que todos conspiram contra ele, ora mostra-se uma companhia agradável, com uma forte verve cáustica, sentindo prazer em ridicularizar os fatos e gestos das pessoas de quem fala. E às vezes, embora seja muito mais raro, apraz-se em brincar com as palavras. Ao saber um dia que Makonnen está em peregrinação em Jerusalém, escreve a Alfred Ilg: "Je rusalème à le croire".*[4]

O único assunto que desperta o seu interesse é o Islã. Ele se dá conta de que convive com muçulmanos há muitos anos, mas que no fundo não sabe quase nada de sua religião. Ao se dispor a estudá-la com mais cuidado, sente-se atraído por ela e pensa em adotar seus preceitos. Em suas viagens, veste-se de beduíno. Como tem os traços escuros e está bronzeado, ninguém nota que é europeu. Isso não lhe desagrada. Ele tem a sensação de que, ao se *apagar* desse modo, não se desvia de seus ideais.

O ano de 1889 acaba, e os negócios de Rimbaud não estão nos melhores dias. De novo, ele se lamenta com Alfred Ilg, a quem envia longas cartas, uma mistura de relatos privados e assuntos técnicos e profissionais: ficou muito complicado, e até mesmo impossível, organizar uma caravana e expedir mercadorias, pois, apesar da hegemonia de Menelik, que gostaria de uma Abissínia unificada, a região permanece insegura. Em dezembro, aliás, a comunidade europeia de Harar ouve com estupefação que um comboio que partira de Zeila, na Somália inglesa, fora atacado por nativos da região de Ensa e que dois capuchinhos franceses e dois negociantes gregos foram mortos em suas tendas.

Todas as semanas, com efeito, correm notícias de roubos, extorsões, massacres e saques. "O assalto", escreve Rimbaud a Alfred Ilg, "já faz parte da rotina há algum tempo, e o futuro desta região ganha perspectivas cada vez mais lúgubres".[5] Ele confessa que, se não estivesse estabelecido em Harar, não hesitaria em enviar ao *Le Temps*, em Paris, "detalhes interessantes" sobre as maneiras radicais como Menelik e Makonnen comportam-se e sobre todas as suas "ignomínias".

César Tian e Armand Savouré, por sua vez, reclamam dos serviços de Rimbaud. Eles se comprometeram com seus próprios clientes e exigem que as mercadorias que encomendaram cheguem nos prazos estipulados. Que "o terror dos cães" encontre uma solução...

---

* O significado do jogo com a palavra Jerusalém parece ser: "Não ousaria acreditar". (N.T.)

Por sorte, em abril de 1890, os negócios voltam a engrenar e anunciam uma melhora próxima. Graças a Alfred Ilg e a sua intervenção junto a Menelik, Rimbaud consegue o reembolso dos quatro mil táleres que os funcionários do governo haviam praticamente arrancado de suas mãos oito meses antes. Ao menos desse ponto de vista parece que as coisas estão ficando mais fáceis. Por outro lado, os problemas de saúde de Rimbaud agravaram-se: durante uma de suas habituais peregrinações solitárias, levou um tombo e caiu sobre o joelho direito – justamente aquele que sempre o incomodou.

Começa então a sofrer de varizes e, de novo, de dores reumáticas. Logo percebe que sua enfermidade não está ligada apenas à queda, mas é também consequência dos esforços repetidos produzidos em suas marchas pelas trilhas montanhosas da região, onde não há meio de se manter sobre um cavalo.

Ele não consegue mais dormir. Sente tanta dor que é incapaz de realizar a viagem a Áden que planejara semanas antes com o objetivo de encontrar Tian e rediscutir os termos de seu contrato de sociedade. Ele praticamente não sai mais de casa.

Em novembro, conclui que a tão esperada melhora nos negócios não acontecera, e que chegou a hora de fechar as portas. Não é uma decisão fácil de tomar, mas é inevitável. Além disso, o câmbio do táler não para de cair, as colheitas foram desastrosas, a tal ponto que se receia uma escassez de mantimentos, e a situação política permanece das mais incertas. Dizem que Menelik e os italianos não estão mais se entendendo, apesar do tratado de amizade e de cooperação comercial que assinaram em maio de 1889. Verdadeiro ou não, o rumor provoca grandes preocupações.

No início de 1891, Rimbaud mantém-se ocupado liquidando seus negócios em Harar. Ele imagina que não sobrará muito para si, para não dizer *nada*. Anos de trabalho duro e de privações para chegar a isso! É deprimente e profundamente cruel.

Mas o pior é essa maldita perna, que está toda inchada e provoca dores lancinantes. Ele não consegue mais andar ou dobrar o joelho. Ele se arrasta. E, enquanto se arrasta, tenta acertar suas contas e vigiar seu pessoal. Não pode nem mesmo chamar um médico, já que não existe nenhum na região. Quando ficam doentes, os nativos recorrem a feiticeiros, curandeiros e ídolos. Será que algum feitiço poderia dar-lhe um pouco de alívio ao menos por algumas horas?

Em 20 de fevereiro, ele escreve à mãe:

> Sinto-me muito mal. Na perna direita, tenho *varizes* que me fazem sofrer muito. Eis o que se ganha quando se labuta nestes tristes países. E como resultado das varizes veio o *reumatismo*. Não faz frio aqui, mas é o clima que causa isso. Hoje faz quinze noites que não fecho os olhos um minuto por causa das dores nessa maldita perna. Eu bem que partiria daqui e acho que o calorão de Áden me faria bem. Mas me devem ainda muito dinheiro, e não posso partir e perder tudo. Fiz um pedido de *meias para varizes* em Áden, mas duvido que se encontre isso por lá.[6]

Finalmente, em 7 de abril, ele decide ir se tratar em Áden. Manda construir uma liteira na qual se acomoda. Carregadores abissínios, muito bem remunerados, aceitam conduzi-lo. Alguns vêm acompanhados de suas mulheres e seus filhos. Eles não têm nenhuma experiência, não sabem nem como manipular uma liteira nem como evitar as inúmeras irregularidades do caminho. Nessas paisagens abruptas, cada metro percorrido é uma armadilha, cada sinuosidade um perigo. Ao menor solavanco, Rimbaud solta gritos. Sugerem-lhe que monte uma mula, mas ele não consegue se manter sobre o animal. Sua maca improvisada, já toda quebrada, ainda é melhor.

A partir do segundo dia, começa a chover. Os carregadores ficam desorientados e mostram-se cada vez mais desajeitados. No dia seguinte, uma tempestade violenta dispersa o comboio. Rimbaud enfrenta a borrasca sem que ninguém, à exceção de Djami Wadaï, que o acompanha durante a viagem, se preocupe com sua sorte ou tente protegê-lo.

No dia 10, a chuva torrencial volta a despencar. Os camelos recusam-se a avançar. Outros, os que estão carregando as tendas e os víveres, agitam-se sem parar, de tal maneira que durante dezesseis horas não é possível abrigar-se ou se alimentar.

Quando Rimbaud chega por fim a Zeila, ao sul de Djibuti, cerca de dez dias mais tarde, após um calvário de trezentos quilômetros, ele está mais do que extenuado. Com o pouco de energia que lhe resta, embarca num vapor e chega a Áden, onde fica primeiro alguns dias na casa de César Tian antes de ser internado no hospital europeu. Ele é examinado por um médico inglês que diagnostica uma sinovite em estado avançado, muito perigoso, e fala de imediato em amputar a perna. Contudo, decide esperar ainda 48 horas a fim de observar se o inchaço diminuiria com algum tipo de tratamento.

Rimbaud descreve seus sofrimentos em uma carta à mãe.

> No hospital europeu há apenas um quarto para os doentes pagantes: e eu o ocupo. [...] Enfim, no estado em que cheguei, não se pode esperar que eu melhore antes de pelo menos três meses, e isso nas circunstâncias mais favoráveis. [...] Vocês sabem que a sinovite é uma doença dos líquidos da articulação do joelho, podendo ser hereditária, consequência de um acidente ou ainda ter outras causas. Para mim, foi certamente causada pelo desgaste das viagens a pé e a cavalo em Harar. Estou deitado com a perna estendida, atada, ligada, religada, acorrentada para não a mover. Estou um esqueleto: causo medo. Minhas costas estão machucadas por causa da cama; não durmo nem um minuto. E aqui o calor está muito forte. A comida do hospital, que é no entanto bastante caro, é bem ruim. Não sei o que fazer. [...] Estou com vontade de embarcar num vapor e ir me tratar na França. A viagem também me faria passar o tempo. [...] Mas não se assustem com tudo isto. Dias melhores virão. Porém, é uma triste recompensa por tanto trabalho, tanto sofrimento e tantas privações! Que vida miserável.[7]

Após os primeiros tratamentos, ele recebe a visita de César Tian. Eles combinam de acertar suas contas e encerrar o contrato de sociedade. Como não consta nenhuma melhora em seu paciente, o médico aconselha Rimbaud a voltar o mais depressa possível para a França.

Em 9 de maio, "o terror dos cães", mais debilitado do que nunca, embarca no *Amazone*, um navio das Messageries Maritimes, com destino a Marselha.

Marselha, estação derradeira

Em 20 de maio de 1891, após doze dias de sofrimentos atrozes a bordo do *Amazone*, Rimbaud desembarca em Marselha e é imediatamente transportado para o hospital da Conception, também conhecido como sanatório da Conception et de la Maternité. Construído entre 1852 e 1857 e consideravelmente ampliado de 1876 a 1879, o estabelecimento fica situado na Rue Saint-Pierre, perto da prisão, do convento do Refuge e do hospital dos Insensés (de fato, o manicômio), e conta com oitocentos leitos divididos em oito pavilhões. Rimbaud, que tem dinheiro, não economiza em despesas: pede um quarto individual ao custo de dez francos por dia.

Os médicos a serviço do dr. Antoine Trastoul, um senhor de quarenta anos, as enfermeiras e as freiras ficam atônitos. Nunca viram um membro tão putrefato, tão monstruoso. A perna parece uma enorme e aterrorizante abóbora. E crescerá ainda mais, sem a menor dúvida, caso não realizem a amputação o mais rápido possível.

Como de hábito, Rimbaud lamenta sua infelicidade em carta aos seus: sua *querida mamãe* e sua *querida irmãzinha*, Isabelle. Ele suplica que elas acorram para junto dele. Uma questão de vida ou morte. De morte, na realidade, ele está perfeitamente consciente disso, e é o termo que utiliza em uma carta escrita à mãe para anunciar-lhe que está "reduzido a um esqueleto"[1] e que a amputação de sua perna direita é iminente. Mas também tem perfeita consciência de que é preciso resolver seus negócios sem tardar, no caso uma letra de câmbio no valor de 36,8 mil francos a receber no Comptoir National d'Escompte de Paris.

A sra. Rimbaud chega a Marselha no dia 25 de maio. É a primeira vez em dez anos que vê o filho. É uma velha senhora agora, mas as dificuldades que sofreu ao longo da vida não abalaram nem um pouco seu caráter. Ela continua a mesma pessoa forte, intratável, distante e pouco delicada.

Apesar da urgência, a operação só é realizada em 27 de maio, pelo dr. Henri Nicolas. A perna é seccionada quase junto ao tronco. Ao proceder assim, os cirurgiões assumiram um grande risco. Mas a intervenção parece ter sido judiciosa, pois a ferida cicatriza rapidamente. Nos dias seguintes, aliás, Rimbaud dá a impressão de estar recuperando as forças. Tranquilizada, a mãe decide então voltar para as Ardenas, onde, segundo declara, são incapazes de ficar sem ela na fazenda de Roche.

Como seu estado melhora, Rimbaud recupera a esperança. Ele escreve a Makonnen e a César Tian. Informa-lhes que está em processo de cura e pretende retornar a Harar assim que estiver restabelecido. Tian apressa-se a dissuadi-lo: o preço do café e das peles, responde em junho, aumentou muito e não deixa nenhuma margem de lucro, e a situação política da Abissínia permanece catastrófica. Se Rimbaud tem capital para investir, seria mais recomendado investi-lo na França. E por que não por intermédio de sua família?

Rimbaud insinua a ideia à irmã, com quem, do leito do hospital, corresponde-se com cada vez mais frequência, sentindo prazer em se abrir. Ele espera suas cartas com impaciência, mas é incapaz de visualizar o rosto de Isabelle, pois também não a vê há mais de dez anos. Na época, ela era apenas uma mocinha tímida e apagada, uma pessoa bem diferente da mulher de trinta que se tornou agora, com o rosto desgracioso e ainda solteira. Mas não importa que não consiga imaginá-la! É tão agradável estar numa relação epistolar com alguém, sem segundas intenções, sem cálculos, ler seu nome em meio a palavras afáveis!

Contudo, no fim do mês de junho, Isabelle tem a péssima ideia de avisá-lo de que a polícia está fazendo uma investigação a seu respeito, com base no fato de ele nunca ter cumprido suas obrigações militares, devendo portanto ser interrogado por insubordinação.

Essa notícia transtorna Rimbaud. Ele não havia obtido uma dispensa em 1874? Vê erguer-se diante de si o espectro da prisão. Teme que venham tirá-lo do hospital e que o Conselho de

Guerra se debruce sobre o caso e julgue sua dispensa inválida. Sabe que sua enfermidade não influenciaria em nada. Que as autoridades militares, inflexíveis, não se importam com o fato de ele estar ou não estropiado. Se estivesse à beira da morte, seria a mesma coisa. Que azar! Que injustiça! Que tristeza!

Aliás, nunca esteve tão triste.

Morrendo de tristeza.

Reduzido agora a mancar, a andar de muletas, a arrastar-se numa perna só.

Um perneta!

Que vida miserável, que miséria infinita! Foi para isso que veio ao mundo? É para isso que existe? O que um homem estropiado pode fazer no mundo?, pergunta-se.

Em meados de julho, após inúmeras tentativas fracassadas e dolorosas ginásticas, ele consegue levantar-se, dar uns pulinhos para frente e deslocar-se um pouco com o auxílio de muletas. Também experimenta andar com uma perna artificial que compra.

> Minha perna está cortada bem perto do tronco e é difícil manter o equilíbrio. Só ficarei tranquilo quando conseguir colocar uma perna artificial, mas a amputação provoca *nevralgias no restante do membro* e é impossível adaptar uma perna mecânica antes que essas nevralgias passem por completo, e para alguns amputados isso pode demorar quatro, seis, oito ou doze meses! Disseram-me que nunca demora menos de dois meses. Se só demorar dois meses, ficarei feliz. Passarei esse tempo no hospital e terei a felicidade de sair com duas pernas. Quanto a sair de muletas, não sei de que me serviria. Não se pode nem subir nem descer, é uma coisa terrível. Corro o risco de cair e estropiar-me ainda mais. Tinha pensado em ir para perto de vocês e passar alguns meses à espera de forças para suportar a perna artificial, mas no momento, vejo que é impossível.
> Bem, estou resignado. Morrerei onde quiser o destino.[2]

Por sua vez, os médicos que o tratam se felicitam. Para eles, o pior já passou, e eles não têm nenhum motivo para mantê-lo por mais tempo no hospital. Rimbaud não deseja outra coisa, pois já não aguenta mais esse lazareto onde, há dois meses, está exposto "ao perigo constante de pegar varíola, tifo e outras pestes que existem por aqui".[3]

Quando enfim recebe alta, Rimbaud é conduzido à estação Saint-Charles, onde compra uma passagem de trem para Voncq, cuja pequena estação, pertencente à Compagnie des Ardennes, fica a apenas três quilômetros de Roche.

Além da família, ninguém, nem mesmo Ernest Delahaye, é informado de sua volta ao lar.

Primeiro, ele quer ver Isabelle, a única criatura humana que lhe estendeu a mão e condescendeu, à sua maneira, em compartilhar seus sofrimentos.

A viagem é devastadora. A tal ponto que Rimbaud chega esgotado e com febre em Voncq, onde Isabelle o aguarda na plataforma. Ele a reconhece de imediato e a abraça demoradamente. Não se lembra de ter tido alguma vez um gesto semelhante com a mãe. Isabelle o ajuda a subir num carro que os conduz à fazenda da família.

Seu quarto no primeiro andar mudou bastante. Quer dizer, Isabelle o decorou com cortinas novas, tecidos finos de algodão e graciosos buquês de flores.

Ele arregala os olhos e exclama: "Parece Versalhes!".[4]

Versalhes?

Definitivamente não.

O fato é que ele não tem o que fazer em Roche, nesse vilarejo perdido das Ardenas a que chamam de Terra dos Lobos, a não ser passear seu enfado e sua tristeza, uma tristeza mortal, e ficar deitado no quarto durante longas horas olhando para o vazio, remoendo remorsos, lembranças de infância e pensamentos funestos. Às vezes, tira da mala algumas folhas de papel sobre as quais, ainda em Harar, lançara anotações e percorre-as longamente movimentando os lábios. Ele rasura uma ou outra palavra, corrige a ortografia de algum nome próprio, completa uma frase, alinha alguns números.

Já não suporta mais a luz do dia. É preciso fechar as venezianas, deixar a porta do quarto sempre encostada.

O pior é que volta a sentir dores no coto e na virilha. De início, pensa que deve ser por causa da perna artificial comprada em Marselha e toma todas as providências para substituí-la. No entanto, por mais que consulte os médicos da região e de Charleville, por mais que tome as medicações que lhe são prescritas, que recorra a "um simples remédio de benzedeira"[5], a chás de papoula, a óleos e massagens, continua sofrendo muito. Isso desencadeia crises de desespero, lágrimas, ataques de raiva, cóleras, gritos, xingamentos, blasfêmias, noites intermináveis de insônia... E o leva a persuadir-se de que o único remédio capaz de atenuar suas dores horríveis seria voltar a viver em Harar.

Harar, Harar, Harar... Essa palavra não sai de sua boca.

Em 23 de agosto, acompanhado da irmã, Rimbaud está de volta à estação de Voncq. Mas dessa vez é para fugir em direção ao sul. E, caso sua saúde permita, embarcar num navio das Messageries Maritimes, em Marselha, que o levará ao golfo de Áden. Ao consultar um guia de viagens, descobre que a partida da linha para a costa oriental da África, via Alexandria, Porto Said, Suez, Obock, até Áden, acontece no dia 12 de cada mês. Ele embarcará então em 12 de setembro...

No entanto, a viagem para Marselha é ainda mais estafante e cruel do que a viagem rumo ao norte. A cada trepidação do trem, ele se contorce, aperta o coto com força e geme. Tenta aliviar a dor engolindo algumas gotas de elixir de bromo, uma bebida intragável. Quando enfim consegue cochilar, o trem para em Amagne, onde tem de descer do vagão, pegar uma cadeira de rodas e subir em outro trem com destino a Rethel.

Até a estação de Estrasburgo, em Paris, todos os instantes são um suplício. Nenhuma posição é boa. As costas, a lombar, os ombros, os braços e sobretudo o lado direito do corpo e o coto são "pontos terrivelmente dolorosos".[6]

Quem sabe ele não seria "tratado de modo mais eficaz"[7] na capital do que em Marselha?

Isabelle dá a sugestão com uma voz tímida, mas Rimbaud balança a cabeça. Não, ele não quer. Exige uma carruagem para conduzi-lo imediatamente à estação do PLM, no Boulevard Diderot.

Como contrariar esse pedido?

No trem expresso que corre rumo à Provença, ele tenta se alimentar um pouco, mas tudo o repugna. Com o enervamento e a febre, ele delira, abandonado no banco de veludo que lhe serve de cama, com o rosto abatido e inundado de suor. Por um curto instante, à vista do uniforme de um militar, solta uma gargalhada – um riso lúgubre que a dor dissipa imediatamente.

Depois de Lyon, cidades e vilarejos se sucedem ao longo do Ródano. Vinhas, plantações e moinhos surgem pela janela da cabine, que mais lhe parece uma "prisão infernal", de onde não "há meio de escapar"[8], e Rimbaud divaga. Seus membros doloridos e martirizados quase não se mexem mais.

Quando o trem entra na estação Saint-Charles de Marselha, no denso calor meridional desse mês de agosto de 1891, Isabelle, aterrada, só vê uma opção: conduzir o irmão o mais rápido possível ao hospital, o mesmo onde ele fora operado em maio, o hospital da Conception, na Rue Saint-Pierre. Temendo que as autoridades militares o encontrem, ela o registra sob o nome de Jean Rimbaud.

Os médicos ficam espantados de revê-lo. Eles se reúnem e concluem que a doença do paciente é consequência de uma propagação, pela medula óssea, do câncer que exigiu a amputação da perna. Acham que ele está condenado.

Isabelle não quer mais abandonar o irmão. Ele está pele e osso, os olhos estão fundos, parece ter o dobro da idade. De tempos em tempos, consegue comer alguma coisa, mas o simples fato de entreabrir os lábios para introduzir a colher arranca-lhe gemidos sufocados. De vez em quando, fala sozinho ou com a irmã. Evoca lembranças vagas e distantes, nomes de pessoas de que ela nunca ouviu falar, que ela se pergunta se já existiram ou se são o fruto de alucinações e pesadelos. Verlaine, Cabaner, Forain, Nouveau...

Em 4 de outubro, ela relata os fatos à mãe:

> Para que dizer a ele que a febre, a tosse e sobretudo a preocupação me impediram de descansar: ele já sofre o bastante. Começa então a contar-me coisas inverossímeis que ele acha que aconteceram no hospital durante a noite. É a única reminiscência de seu delírio, mas é persistente ao ponto de, todas as manhãs e várias vezes durante o dia, contar-me o mesmo absurdo, reclamando por eu não acreditar nele. Eu escuto e tento dissuadi-lo: acusa os enfermeiros, e mesmo as irmãs, de coisas abomináveis e que não podem ter acontecido; digo que ele sem dúvida sonhou, mas ele insiste e chama-me de tola e imbecil.[9]

Assim como a sra. Rimbaud, Isabelle é católica fervorosa e ficaria muito aflita se Arthur expirasse sem ter podido se confessar ao capelão do hospital e sem receber a comunhão. Porém, cada vez que toca no assunto, Rimbaud recusa. Ele afirma ser ateu, ateu convicto, e repete que não crê nem em Deus, nem nos santos, nem na Igreja. E, para dar mais ênfase à sua recusa, profere xingamentos e blasfêmias. Contudo, no fim do mês de outubro, acaba aceitando que um padre venha conversar com ele. Faz isso não apenas para contentar e acalmar Isabelle, a quem ama de todo o coração, mas também porque alimenta a esperança – depois de tudo o que tem sofrido desde que deixou a Abissínia, depois de ter tido a perna amputada – de que Deus, ou Alá, ou alguma força superior, possa curá-lo.

Seu tumor cancerígeno, uma espécie de saco pútrido inchado que se estende do quadril até a barriga, atrai agora curiosos ao hospital da Conception. Os visitantes, os outros pacientes e os médicos que passam por seu quarto "ficam mudos e aterrorizados diante desse câncer estranho".[10] É como se estivessem diante de uma monstruosidade de circo. Como se passeassem, um tanto sem jeito, pelo Grande Museu Anatômico e Etnológico do dr. Spitzner, que teria se transferido para Marselha...

Aniquilado, Rimbaud nem mesmo se dá conta do que está acontecendo. Em 9 de novembro, num último, inacreditável e assustador sobressalto, ele chama a irmã e dita uma carta das mais bizarras para o diretor de uma misteriosa empresa de navegação:

> Um lote: um só dente.
> Um lote: dois dentes.
> Um lote: três dentes.
> Um lote: quatro dentes.
> Um lote: dois dentes.
>
> Senhor Diretor,
> Venho por meio desta perguntar-lhe se não esqueci nada com o senhor. Desejo mudar hoje de serviço, cujo nome nem mesmo sei mais, porém, de qualquer maneira, que seja o serviço de Aphinar. Esses serviços existem em toda parte e eu, impotente, infeliz, não posso encontrar nada, o primeiro cão na rua confirmará isso. Envie-me portanto o preço dos serviços de Aphinar em Suez. Estou completamente paralítico: assim, desejo subir logo a bordo. Diga-me a que hora devo ser transportado a bordo.[11]

Consumido pelo câncer, Arthur Rimbaud morre em seu leito de hospital no dia seguinte, por volta das duas horas da tarde, aos 37 anos.

Sem saber que, três dias antes, era publicado em Paris, pelo editor Léon Genonceaux, com o título de *Reliquaire**, um livro de 180 páginas reunindo seus poemas.

Por terem sido escritos entre 1869 e 1872, compõem suas *obras de juventude*.

---

* Essa edição foi publicada com um prefácio de Rodolphe Darzens. A primeira antologia de versos de François Coppée, que data de 1865, intitulava-se *Le Reliquaire*.

ANEXOS

Cronologia

1854. *20 de outubro:* Arthur Rimbaud nasce na Rue Napoléon, 12, em Charleville. É o segundo filho de Frédéric Rimbaud (1814) e Vitalie Cuif (1815).

1858. *15 de junho:* nasce Vitalie Rimbaud, a primeira irmã de Rimbaud.

1860. *1º de junho:* nasce Isabelle, a segunda irmã de Rimbaud.

1861. *Outubro:* Rimbaud ingressa no Institut Rossât de Charleville, onde se revela um aluno brilhante.

1865. *Abril:* ele é matriculado com seu irmão mais velho, Frédéric (1853), na escola pública de Charleville. Começa sua amizade com Ernest Delahaye (1853).

1868. *8 de maio:* compõe uma ode latina em segredo.

1869. Três de seus deveres escolares em versificação latina são publicados em revistas: dois no *Moniteur de l'enseignement secondaire*, o boletim oficial da Academia de Douai, e um terceiro na *La Revue pour tous*, um semanário dominical parisiense muito popular.

1870. *2 de janeiro:* seu primeiro poema em francês, "A consoada dos órfãos", é publicado pela *La Revue pour tous*.
14 de janeiro: Georges Izambard (1848) é nomeado professor de retórica no colégio de Charleville. Rimbaud encanta-se com esse homem que, no entanto, abandona suas funções em julho.
29 de agosto: sem o conhecimento de sua família, Rimbaud pega um trem para Paris. Uma vez que não tem como pagar a passagem, é levado à prisão de Mazas, onde fica preso por dez dias.
2 de outubro: Rimbaud foge de novo. Chega às Ardenas belgas passando por Givet, depois segue para Charleroi e Bruxelas, antes de ir procurar Georges Izambard em Douai e, enfim, de voltar para Charleville.

1871. *Fevereiro:* Rimbaud viaja de novo para Paris e passeia por quinze dias.

19 de abril: ele parte mais uma vez rumo à capital, onde os comunalistas enfrentam os versalheses, mas dá meia-volta antes de chegar.

15 de maio: envia a Paul Demeny, poeta amigo de Izambard, uma declaração poética que mais tarde veio a ser conhecida como a "Carta do vidente".

Agosto: escreve a Verlaine (1844) e envia-lhe alguns poemas.

Por volta de 10 de setembro: chega a Paris a convite de Verlaine e hospeda-se por alguns dias na casa dos Mauté de Fleurville, os sogros do poeta; em seguida, reside em diversos quartos emprestados ou alugados.

Outubro-dezembro: frequenta com Verlaine os clubes literários dos Vilains Bonshommes e do Círculo Zútico, para o qual trabalha por pouco tempo.

1872. *Março:* Rimbaud volta a Charleville.

Junho: retorna novamente a Paris.

7 de julho: deixa Paris em companhia de Verlaine, que abandona sua esposa, Mathilde Mauté (1853), e seu filho Georges (1871).

9 de julho: Rimbaud e Verlaine instalam-se em Bruxelas.

8 de setembro: eles se mudam para Londres, na Howland Street.

Fim de novembro: Rimbaud volta sozinho para Charleville.

1873. *Janeiro:* ao chamado de Verlaine, Rimbaud retorna a Londres. A vida em comum recomeça.

4 de abril: Rimbaud e Verlaine deixam a Inglaterra.

12 de abril: Rimbaud vai para a fazenda de sua mãe em Roche.

26 de maio: viaja mais uma vez para Londres em companhia de Verlaine.

3 de julho: após uma briga, Verlaine abandona Rimbaud precipitadamente e viaja para Bruxelas.

8 de julho: Rimbaud encontra-se com Verlaine em Bruxelas.

10 de julho: Verlaine atira em Rimbaud com um revólver, ferindo-o no punho esquerdo. Depois de se tratar, Rimbaud dá queixa na polícia, mas a retira alguns dias depois. Mesmo assim, Verlaine é condenado a dois anos de prisão.

20 de julho: Rimbaud volta para Roche, onde acaba de escrever *Uma temporada no inferno*.

Outubro: Uma temporada no inferno é publicada por conta do autor pela Alliance typographique de Bruxelas.

Novembro: Rimbaud vai a Paris, onde ninguém quer saber dele.

1874. *Fim de março:* viaja para Londres com Germain Nouveau (1851), e hospedam-se na Stamford Street. Rimbaud escreve *Iluminações*.
Junho: Germain Nouveau volta para a França.
Outubro-novembro: à procura de emprego, Rimbaud coloca anúncios em jornais ingleses.
Dezembro: volta para as Ardenas.

1875. *13 de fevereiro:* Rimbaud muda-se para Stuttgart, onde trabalha como preceptor.
Março: recebe a visita de Verlaine, que tenta convertê-lo.
Fim de abril: deixa Stuttgart e empreende uma longa viagem até Milão, atravessando os Alpes a pé. Em seguida, vai a Livorno. Uma insolação o obriga a voltar para a França.
Julho: passa mais um tempo em Paris, onde revê alguns dos escritores e artistas que conheceu na época dos Vilains Bonshommes e do Círculo Zútico.
Outubro: está de volta a Charleville e recebe aulas de piano.
18 de dezembro: sua irmã Vitalie morre aos dezessete anos.

1876. *Março:* Rimbaud viaja até Viena, na Áustria, onde é roubado e obrigado a voltar a pé para a França.
Maio: alista-se no exército colonial das Índias holandesas e faz seu treinamento militar em Harderwijk, nos Países Baixos.
10 de junho: embarca no *Prins van Oranje* com destino à Batávia.
Julho: encontra-se num acampamento militar em Java.
30 de agosto: após desertar, embarca em um navio escocês com destino à Grã-Bretanha, passando pela Cidade do Cabo e pelos Açores.
Dezembro: do Havre, onde desembarca, ele volta para Charleville.

1877. *Abril:* Rimbaud viaja para a Alemanha e pelos países escandinavos.
19 de maio: no consulado dos Estados Unidos em Bremen, ele apresenta um requerimento (em inglês) para se alistar no exército norte-americano.
Junho: trabalha para um circo ambulante em Estocolmo e Copenhague.

Setembro: vai para Marselha, onde toma um navio para Alexandria. Doente, é obrigado a desembarcar na Itália. Ele visita Roma e volta para casa.

1878. *Agosto-setembro:* pela primeira vez na vida, ele trabalha na fazenda de sua mãe em Roche.
20 de outubro: parte a pé para a Itália.
17 de novembro: seu pai, Frédéric Rimbaud, morre em Dijon.
19 de novembro: em Gênova, ele embarca para o Egito.
Dezembro: Rimbaud é contratado por uma empresa francesa de construção para supervisionar um canteiro de obras em Larnaca, na ilha do Chipre.

1879. *Junho:* tendo contraído febre tifoide, ele deixa o Chipre e volta para as Ardenas.

1880. *Março:* volta ao Chipre, onde é contratado pela administração britânica.
20 de julho: conflitos no trabalho o obrigam a deixar a ilha. Após uma escala em Alexandria, ele parte em direção ao mar Vermelho.
Agosto: encontra trabalho em Áden numa empresa francesa de importação e exportação, a Mazeran, Viannay, Bardey et Cie.
2 de novembro: a empresa o envia para Harar, na Abissínia.
13 de dezembro: Rimbaud chega a Harar.

1881. *Janeiro:* por carta, ele pede que sua mãe lhe compre uma "bagagem fotográfica".
Setembro: não aguenta mais viver em Harar e quer deixar a cidade.

1882. *22 de março:* volta a trabalhar em Áden, ainda para a mesma empresa.
Setembro: seus empregadores oferecem-lhe um cargo de diretor em Harar. Ele aceita sem hesitar.

1883. Dessa vez, ele se aclimata bem em Harar. Contudo, rumores de guerra e de invasão deixam o futuro incerto.

1884. *Janeiro:* a empresa Mazeran, Viannay, Bardey et Cie entra em falência.
Abril: os Bardey (os irmãos Pierre e Alfred) criam uma nova empresa de importação e exportação e contratam Rimbaud por seis meses.
Junho: Rimbaud é alocado em Áden.

1885. *10 de janeiro:* ele assina com os Bardey um novo contrato de um ano. Seu trabalho consiste em comprar café.
Outubro: pede demissão e associa-se a Pierre Labatut para vender armas ao rei de Choa, Menelik, que está em guerra contra seu suserano, o imperador Joannes IV.
Novembro: Rimbaud chega a Tadjoura para preparar a expedição.

1886. Inúmeros contratempos (incluindo a doença de Labatut) atrasam a partida da caravana.
Abril: Rimbaud associa-se a um outro negociante, Paul Soleillet, mas este morre inesperadamente.
Outubro: ele resolve conduzir sozinho o comboio de armas e parte para Ankober, a capital de Choa.

1887. *6 de fevereiro:* ao fim de uma viagem infernal, Rimbaud chega a Ankober. Menelik não está na cidade.
Fevereiro-março: Ele é informado de que o rei está em Entoto e decide ir a seu encontro. Rimbaud conhece o engenheiro suíço Alfred Ilg. Menelik compra as armas a preço bastante reduzido. Labatut morre, e sua viúva reclama a Rimbaud o pagamento de diversas dívidas.
1º de maio: Rimbaud parte para Harar em companhia do explorador Jules Borelli.
Julho: acerta algumas pendências em Áden e embarca em seguida para o Cairo.
25 e 27 de agosto: o jornal *Le Bosphore égyptien* publica o relato de Rimbaud sobre Harar e Choa.
Outubro: volta para Áden.

1888. *Abril:* Rimbaud assume uma nova expedição de armas para Harar. Tem a ideia de criar seu próprio negócio de comércio internacional.
Maio: em Áden, ele assina um acordo com o negociante César Tian e instala-se em Harar.
Setembro: recebe Borelli em sua casa.
Dezembro: oferece estadia a Ilg.

1889. *11 de março:* o imperador Joannes IV morre em uma batalha contra fundamentalistas muçulmanos na fronteira do Sudão.
Julho: Menelik sucede a Joannes IV.

1890. *Abril:* Como seus negócios estão indo bem em Harar, Rimbaud pensa em romper o contrato com Tian.

Maio: Durante um passeio a cavalo, sofre uma queda e começa a sentir fortes dores no joelho direito.

1891. *Fevereiro:* as dores no joelho tornam-se cada vez mais insuportáveis.

7 de abril: Rimbaud parte de Harar, transportado numa liteira, a fim de consultar médicos na costa. A viagem é extremamente dolorosa.

Início de maio: é internado no hospital europeu de Áden, onde um médico o aconselha a voltar para a França.

20 de maio: Rimbaud chega a Marselha e é conduzido ao hospital da Conception. Os médicos tomam a decisão de amputar sua perna direita.

23 de maio: alertada, a sra. Rimbaud vai para junto do filho.

27 de maio: a operação é realizada com aparente sucesso.

8 de junho: a sra. Rimbaud volta para casa.

23 de julho: Rimbaud toma um trem para as Ardenas. Em Roche, o coto provoca-lhe dores atrozes.

23 de agosto: acompanhado de sua irmã Isabelle, Rimbaud toma o trem de volta para Marselha. Ele pretende embarcar num navio para o mar Vermelho.

25 de agosto: semi-inconsciente, é de novo internado no hospital da Conception.

25 de outubro: aceita receber o capelão do hospital.

9 de novembro: delirando, ele dita à irmã sua última carta.

10 de novembro: Rimbaud morre no início da tarde.

Referências

EDIÇÕES PELA L&PM

A correspondência de Arthur Rimbaud. Tradução de Alexandre Ribondi. Porto Alegre: L&PM, 1983.

Uma temporada no inferno. Tradução de Paulo Hecker Filho. Porto Alegre: L&PM, 2008.

EDIÇÕES ORIGINAIS EM LIVRO

Une saison en enfer. Bruxelas: Alliance typographique, 1873.

Les Illuminations. Apresentação de Paul Verlaine. Paris: La Vogue, 1886. (Obra publicada sem o conhecimento de Rimbaud.)

Reliquaire. Prefácio de Rodolphe Darzens. Paris: Genonceaux, 1891. (Obra publicada sem o conhecimento de Rimbaud.)

EDIÇÕES ORIGINAIS PÓSTUMAS

Poèmes, Les Illuminations, Une saison en enfer. Paris: Vanier, 1892.

Poésies complètes. Prefácio de Paul Verlaine. Paris: Vanier, 1895.

Œuvres de J.-A. Rimbaud. Paris: Mercure de France, 1898.

Lettres de J.-A. Rimbaud. Paris: Mercure de France, 1899.

Œuvres d'A. Rimbaud: Vers et prose. Prefácio de Paul Claudel. Paris: Mercure de France, 1912.

Correspondance inédite (1870-1875). Apresentação de Roger Gilbert-Lecomte. Paris: Éditions des Cahiers Libres, 1929.

Lettres de la vie littéraire de Rimbaud. Apresentação de Jean-Marie Carré. Paris: Gallimard, 1931.

Vers de collège. Introdução de Jules Mouquet. Paris: Mercure de France, 1932.

Album zutique. Prefácio de Pascal Pia. Paris: Cercle du livre précieux, 1961.

Edições modernas

Œuvres complètes. Paris: Gallimard, 1972 e 2007. Col. Bibliothèque de la Pléiade.

Correspondance. Paris: Fayard, 2007.

Biografias e ensaios

A bibliografia consagrada a Rimbaud é considerável. A lista abaixo constitui uma seleção não exaustiva, compreendendo apenas títulos em francês dedicados inteiramente, ou em grande parte, à vida e às obras de Rimbaud.

BONNEFOY, Yves. *Rimbaud par lui-même*. Paris: Le Seuil, 1961. Col. Écrivains de toujours.

BORER, Alain. *Un sieur Rimbaud se disant négociant*. Paris: Lachenal et Ritter, 1984.

_____. *Rimbaud en Abyssinie*. Paris: Le Seuil, 1984. Col. Fiction et Cie.

_____. *Rimbaud: l'heure de la fuite*. Paris: Gallimard, 1991. Col. Découvertes.

_____. *Rimbaud d'Arabie*. Paris: Le Seuil, 1991. Col. Fiction et Cie.

BOUSMANNE, Bernard. *Reviens, reviens, cher ami*. Paris: Calmann-Lévy, 2006.

BRIET, Suzanne. *Madame Rimbaud*. Paris: Minard, 1968. Col. Avant-siècle.

BRUNEL, Pierre. *Rimbaud*. Paris: Le Livre de Poche, 2002. Col. Références.

BRUNEL, Pierre, LETOURNEUX, Matthieu & BOUDOU, Paule-Élise. *Rimbaud*. Paris: ADPF, 2004.

BUTOR, Michel. *Improvisations sur Rimbaud*. Paris: La Différence, 1989.

CARRÉ, Jean-Marie. *La Vie aventureuse de Jean-Arthur Rimbaud*. Paris: Plon, 1926.

CASTELNAU, Jacques. *Rimbaud*. Paris: Tallandier, 1944.

Chauvel, Jean. *L'Aventure terrestre de Jean Arthur Rimbaud*. Paris: Seghers, 1971. Col. L'Archipel.

Chavot, Pierre & Villandry, François de. *L'Abécédaire de Rimbaud*. Paris: Flammarion, 2001.

Coulon, Marcel. *Le Problème de Rimbaud, poète maudit*. Nîmes: Gomez e Paris: Crés, 1923.

_____. *La Vie de Rimbaud et de son œuvre*. Paris: Mercure de France, 1929.

Delahaye, Ernest. *Rimbaud, l'artiste et l'être moral*. Paris: Messein, 1923.

Dhôtel, André. *Rimbaud et la révolte moderne*. Paris: Gallimard, 1962.

Étiemble, René. *Le Mythe de Rimbaud*. Paris: Gallimard, 1952 e 1954. (Tomo I: *Genèse du mythe*. Tomo II: *Structure du mythe*)

_____. *Le Sonnet des voyelles*. Paris: Gallimard, 1968. Col. Essais.

Étiemble, René & Gauclère, Yassu. *Rimbaud*. Paris: Gallimard, 1936.

Fondane, Benjamin. *Rimbaud le voyou*. Paris: Denoël et Steele, 1933.

Fontainas, André. *Verlaine-Rimbaud*. Paris: Librairie de France, 1932.

Gascar, Pierre. *Rimbaud et la Commune*. Paris: Gallimard, 1971. Col. Idées.

Goffin, Robert. *Rimbaud vivant*. Bruxelles: Les Cahiers du Journal des poètes, 1937.

Hackett, C.-A. *Rimbaud l'enfant*. Paris: Nizet, 1938.

_____. *Autour de Rimbaud*. Paris: Klincksieck, 1967.

Izambard, Georges. *À Douai et à Charleville*. Paris: Kra, 1927. (Estranhamente, na capa, a obra é atribuída a Rimbaud.)

Jeancolas, Claude. *Les Voyages de Rimbaud*. Paris: Balland, 1991.

_____. *Le Dictionnaire Rimbaud*. Paris: Balland, 1991.

_____. *Rimbaud, l'album d'une vie*. Paris: Textuel, 1998. Col. Passion.

LEFRÈRE, Jean-Jacques. *Rimbaud*. Paris: Fayard, 2001.

_____. *Rimbaud le disparu*. Paris: Buchet-Chastel, 2004.

MAGNY, Claude-Edmonde. *Arthur Rimbaud*. Paris: Seghers. Col. Poètes d'aujourd'hui, nº 12, 1949 e 1966.

MATARASSO, Henri & PETITFILS, Pierre. *Vie d'Arthur Rimbaud*. Paris: Hachette, 1962.

_____. *Album Rimbaud*. Paris: Gallimard, 1967. Col. Bibliothèque de la Pléiade.

MÉLÉRA, Marguerite-Yerta. *Rimbaud*. Paris: Firmin-Didot et Cie, 1930.

_____. *Résonances autour de Rimbaud*. Paris: Éditions du Myrte, 1946.

MILLER, Henry. *Rimbaud*. Lausanne: Mermod, 1952.

MONDOR, Henri. *Rimbaud ou le génie impatient*. Paris: Gallimard, 1955.

[MOUQUET, Jules]. *Rimbaud raconté par Paul Verlaine*. Paris: Mercure de France, 1934.

MUSSO, Frédéric. *Rimbaud*. Paris: Charron, 1972. Col. Les Géants.

NOULET, Émilie. *Le Premier Visage de Rimbaud*. Bruxelas: Académie royale de langue et de littérature françaises de Belgique, 1973.

PERRIER, Madeleine. *Rimbaud, chemins de la création*. Paris: Gallimard, 1973. Col. Essais.

PETITFILS, Pierre. *L'Œuvre et le visage d'Arthur Rimbaud*. Paris: Nizet, 1959.

_____. *Rimbaud*. Paris: Julliard, 1982 e 1991. Col. Les Vivants.

_____. *Rimbaud au fil des ans*. Charleville-Mézières: Musée-bibliothèque Rimbaud et Centre culturel Rimbaud, 1984.

RIMBAUD, Isabelle. *Reliques*. Paris: Mercure de France, 1921.

RIVIÈRE, Jacques. *Rimbaud*. Paris: Kra, 1930.

ROLLAND DE RENÉVILLE, André. *Rimbaud le voyant*. Paris: Au Sans Pareil, 1929.

RUCHON, François. *Rimbaud*. Genebra: Cailler, 1946. Col. Documents iconographiques.

SEGALEN, Victor. *Le Double Rimbaud*. Paris: Fata Morgana, 1986. Col. Bibliothèque artistique et littéraire. (O texto foi publicado pela primeira vez na revista *Mercure de France* em 1906.)

STARKIE, Enid. *Rimbaud en Abyssinie*. Paris: Payot, 1938.

_____. *Arthur Rimbaud*. Paris: Flammarion, 1982.

STEINMETZ. Jean-Luc. *Les Femmes de Rimbaud.* Cadeilhan: Zulma, 2000.

THINÈS, Georges. *Rimbaud maître du feu*. Amay: L'Arbre à paroles, 2004.

VERLAINE, Paul. *Arthur Rimbaud*. Paris: Vanier, 1888. Col. Les Hommes d'aujourd'hui, n° 318.

OBRAS COLETIVAS

Parade sauvage. Charleville-Mézières, 21 números, 1984-2006.

Rimbaud. In: *Europe*, nº 107,1954; nº 529-530,1973.

Rimbaud. Paris: Hachette, 1968. Col. Génies et Réalités.

Rimbaud. In: *Magazine littéraire*, nº 73, 1973.

Notas

UMA MULHER DEDICADA

1. RIMBAUD, A. "Proses et vers français de collège". In: *Œuvres complètes*. Paris: Gallimard, 2007, p. 173.

2. *Ibid.*, p. 173-174.

PLACE DU SÉPULCRE

1. RIMBAUD, A. "Invocation à Vénus". In: *Œuvres complètes, op. cit.*, p. 174-175.

TIRANIA DOMÉSTICA

1. RIMBAUD, V. "Senhora Rimbaud a Georges Izambard, 4 de maio de 1870". In: RIMBAUD, A. *A correspondência de Arthur Rimbaud*. Trad. Alexandre Ribondi. Porto Alegre: L&PM, 1983, p. 27.

2. IZAMBARD, G. *À Douai et à Charleville*. Paris: Kra, 1927.

3. *Ibid.*

4. RIMBAUD, A. "À la musique". In: *Œuvres complètes, op. cit.*, p. 22.

5. RIMBAUD, A. *Correspondance*. Paris: Fayard, 2007.

6. *Ibid.*

7. IZAMBARD, G. *À Douai et à Charleville, op. cit.*

8. RIMBAUD, A. "Rimbaud a Georges Izambard, 25 de agosto de 1870". In: *A correspondência de Arthur Rimbaud, op. cit.*, p. 28.

9. RIMBAUD, A. "Les Reparties de Nina". In: *Œuvres complètes, op. cit.*, p. 25.

10. RIMBAUD, A. "Rimbaud a Georges Izambard, 25 de agosto de 1870", *op. cit.*, p. 28.

BOEMICES

1. RIMBAUD, A. "Rimbaud a Georges Izambard, 25 de agosto de 1870", *op. cit.*, p. 28.

2. RIMBAUD, A. "Morts de Quatre-vingt-douze…". In: *Œuvres complètes, op. cit.*, p. 20-21.

3. "Rimbaud a Georges Izambard, 5 de setembro de 1870". In: *A correspondência de Arthur Rimbaud, op. cit.,* p. 31-32.

4. RIMBAUD, A. "Romance". In: *Œuvres complètes, op. cit.*, p. 29.

5. IZAMBARD, G. *À Douai et à Charleville, op. cit.*

6. RIMBAUD, A. "Rêvé pour l'hiver". In: *Œuvres complètes, op. cit.*, p. 31-32.

7. DANVAL, M. "Rimbaud au Cabaret Vert à Charleroi", *Rimbaud vivant*, nº46, juin 2007.

8. RIMBAUD, A. "Au Cabaret Vert". In: *Œuvres complètes, op. cit.*, p. 32-33.

EM MEIO ÀS CINZAS

1. RIMBAUD, A. "Ma bohème". In: *Œuvres complètes, op. cit.*, p. 35.

2. GAUTIER, T. *Tableaux de siège*. Paris: Charpentier, 1871.

3. RIMBAUD, A. "Le dormeur du val". In: *Œuvres complètes, op. cit.*, p. 32.

4. RIMBAUD, A. *Correspondance, op. cit.*

5. *Ibid.*

6. RIMBAUD, A. "Les corbeaux". In: *Œuvres complètes, op. cit.*, p. 36.

CRAPULEAR

1. RIMBAUD, A. "Chant de guerre parisien". In: *Œuvres complètes, op. cit.*, p. 39-40.

2. MÉLÉRA, M-Y. *Rimbaud*. Paris: Firmin-Didot et Cie, 1930.

3. RIMBAUD, A. "Le Coeur volé". In: *Œuvres complètes, op. cit.*

4. RIMBAUD, A. "Rimbaud a Georges Izambard, 13 de maio de 1871". In: RIMBAUD, A. *A correspondência de Arthur Rimbaud, op. cit.,* p. 34.

5. IZAMBARD, G. "Lettre à Arthur Rimbaud du 15 (?) mai 1871". In: RIMBAUD, A. *Correspondance, op. cit.*

6. *Ibid.*

7. RIMBAUD, A. "Lettre à Paul Demeny du 15 mai 1871". In: *Correspondance, op. cit.*

8. VERLAINE, P. *Correspondance Générale I (1857-1885)*. Paris: Fayard, 2005.

NO TOUCADOR DE MATHILDE

1. MAUTÉ, M. [ex-Madame Paul Verlaine]. *Mémoires de ma vie*. Paris: Flammarion, 1935.

2. RÉGAMEY, F. *Verlaine dessinateur*. Paris: Floury, 1896.

Um convidado indesejado

1. RIMBAUD, A. "Première soirée". In: *Œuvres complètes*, *op. cit.*
2. DELAGE, R. *Emmanuel Chabrier*. Paris: Fayard, 1999.
3. PIA, P. "Introduction". In: *Album zutique*. Paris: Pauvert, 1962.
4. RIMBAUD, A. "Les lèvres closes". In: *Œuvres complètes*, *op. cit.*, p. 208.
5. RIMBAUD, A. "Fête galante". *Ibid.*, p. 209.
6. HUYSMANS, J.-K. *Certains*. Paris: Stock, 1889.

O anjo do escândalo

1. RIMBAUD, A. "Le bateau ivre". In: *Œuvres complètes*, *op. cit.*, p. 67-68.
2. *Ibid.*, p. 68-69.
3. Citado em PETITFILS, P. *Rimbaud*. Paris: Nizet, 1959.

Plano de fuga

1. RIMBAUD, A. *Uma temporada no inferno*. Trad. Paulo Hecker Filho. Porto Alegre: L&PM, 2008. p. 65.
2. RIMBAUD, A. "Voyelles". In: *Œuvres complètes*, *op. cit.*, p. 53.
3. VERLAINE, P. "Verlaine a Rimbaud, 2 de abril de 1872". In: RIMBAUD, A. *A correspondência de Arthur Rimbaud*, *op. cit.*, p. 39.
4. VERLAINE, P. "Verlaine a Rimbaud, maio de 1872". In: RIMBAUD, A. *A correspondência de Arthur Rimbaud*, *op. cit.*, p. 41.
5. RIMBAUD, A. *Uma temporada no inferno*, *op. cit.*, p. 20.
6. RIMBAUD, A. "Jeune ménage". In: *Œuvres complètes*, *op. cit.*, p. 81.
7. VERLAINE, P. "Mes prisons". In: *Œuvres en prose complètes*. Paris: Gallimard, 1972, p. 326. Col. Bibliothèque de la Pléiade.
8. *Ibid.*
9. RIMBAUD, A. "Ô saisons, ô châteaux". In: *Œuvres complètes*, *op. cit.*, p. 88.

Com os comunalistas

1. RIMBAUD, A. "Bruxelles". In: *Œuvres complètes*, *op. cit.*, p. 82-83.
2. MAUTÉ, M. [ex-Madame Paul Verlaine]. *Mémoires de ma vie*, *op. cit.*
3. VERLAINE, P. "Birds in the Night, Romances sans paroles". In: *Œuvres poétiques complètes*. Paris: Gallimard, 1962, p. 133. Col. Bibliothèque de la Pléiade.

4. MAUTÉ, M. [ex-Madame Paul Verlaine]. *Mémoires de ma vie*, *op. cit.*

5. RIMBAUD, A. *Correspondance*, *op. cit*., p. 109.

6. RIMBAUD, A. "Marine". In: *Œuvres complètes*, *op. cit.*, p. 142.

NO CORAÇÃO DE LAN'DAN

1. UNDERWOOD, V. P. *Verlaine et l'Angleterre*. Paris: Nizet, 1956.

2. RIMBAUD, A. "Vagabonds". In: *Œuvres complètes*, *op. cit.*, p. 137.

A MULHERZINHA

1. CASTELNAU, J. *Rimbaud*. Paris: Tallandier, 1944.

2. RIMBAUD, A. "Villes". In: *Œuvres complètes*, *op. cit.*, p. 137.

3. *Ibid.*, p. 138.

4. RIMBAUD, A. "Rimbaud a Ernest Delahaye, maio de 1873". In: *A correspondência de Arthur Rimbaud*, *op. cit.*, p. 41-43.

5. RIMBAUD, A. "Mouvement". In: *Œuvres complètes*, *op. cit.*

6. PORCHÉ, F. *Verlaine tel qu'il fut*. Paris: Flammarion, 1933.

7. RIMBAUD, A. "Rimbaud a Verlaine, 4 de julho de 1873". In: *A correspondência de Arthur Rimbaud*, *op. cit.*, p. 45-46.

8. RIMBAUD, A. "Rimbaud a Verlaine, 5 de julho de 1873". In: *A correspondência de Arthur Rimbaud*, *op. cit.*, p. 46-47.

DOIS TIROS EM BRUXELAS

1. RIMBAUD, A. "Rimbaud a Verlaine, 7 de julho de 1873". In: RIMBAUD, A. *A correspondência de Arthur Rimbaud*, *op. cit.*, p. 50.

2. RIMBAUD, A. "Fome". In: *Uma temporada no inferno*, *op. cit.*, p. 73-75.

3. RIMBAUD, A. *Uma temporada no inferno*, *op. cit.*, p. 17.

4. "Depoimento de Verlaine ao comissário de polícia". In: RIMBAUD, A. *A correspondência de Arthur Rimbaud*, *op. cit*., p. 52-53.

SANGUE MAU

1. "Depoimento de Rimbaud diante do juiz de instrução". In: RIMBAUD, A. *A correspondência de Arthur Rimbaud*, *op. cit*., p. 54-56.

2. BOUSMANNE, B. *Reviens, reviens, cher ami*. Paris: Calmann-Lévy, 2006.

3. "Novo depoimento de Rimbaud". In: RIMBAUD, A. *A correspondência de Arthur Rimbaud, op. cit.*, p. 58.

4. VERLAINE, P. "Le bon disciple". In: *Œuvres poétiques complètes, op. cit.*, p. 387.

5. RIMBAUD, A. "Retirada da queixa de Rimbaud". In: RIMBAUD, A. *A correspondência de Arthur Rimbaud, op. cit.*, p. 58-59.

6. RIMBAUD, A. *Uma temporada no inferno, op. cit.*, p. 19.

7. *Ibid.*, p. 21-23.

8. DE LACOSTE, H. de B. "Appendice à l'édition critique". In: RIMBAUD, A. *Une saison en enfer*. Paris: Mercure de France, 1941.

9. VÉRANE, L. *Humilis poète errant*. Paris: Grasset, 1929.

A VOLTA DO FAUNO

1. RIMBAUD, V. *Journal de Vitalie Rimbaud*. In: RIMBAUD, A. *Œuvres complètes, op. cit.*, p. 827.

2. *Ibid.*, p. 828.

3. *Ibid.*

4. *Ibid.*, p. 829.

5. *Ibid.*, p. 830.

6. *Ibid.*, p. 832 e 831.

7. RIMBAUD, A. "Rimbaud a Ernest Delahaye, 5 de março de 1875". In: RIMBAUD, A. *A correspondência de Arthur Rimbaud, op. cit.*, p. 59.

8. VERLAINE, P. "As mãos". In: *A voz dos botequins e outros poemas*. Trad. Guilherme de Almeida. São Paulo: Hedra, 2009, p. 71.

DE UM LADO PARA O OUTRO

1. VERLAINE, P. "Arthur Rimbaud 1884". In: *Œuvres en prose complètes*. Paris: Gallimard, 1972, p. 802. Col. Bibliothèque de la Pléiade.

2. RIMBAUD, A. "Lettre à Ernest Delahaye du 14 octobre 1875". In: RIMBAUD, A. *Correspondance, op. cit.*

3. VERLAINE, P. "Verlaine a Rimbaud, 12 de dezembro de 1875". In: RIMBAUD, A. *A correspondência de Arthur Rimbaud, op. cit.*, p. 60.

RIMBALD, O MARUJO

1. RIMBAUD, A. "Parade". In: *Œuvres complètes*, *op. cit.*, p. 126.
2. RIMBAUD, A. "Départ". *Ibid.*, p 129.
3. RIMBAUD, A. "Solde". *Ibid.*, p 145-146.

CHIPRE: IDA E VOLTA

1. PIERQUIN, L. *Lettres de la vie littéraire d'Arthur Rimbaud*. Paris: Gallimard, 1931.
2. RIMBAUD, A. "Rimbaud aos seus, 17 de novembro de 1878". In: RIMBAUD, A. *A correspondência de Arthur Rimbaud*, *op. cit.*, p. 64-65.
3. RIMBAUD, A. "Rimbaud aos seus, dezembro de 1878". *Ibid.*, p. 66.
4. RIMBAUD, A. "Lettre à sa famille du 24 avril 1879". In: RIMBAUD, A. *Correspondance*, *op. cit.*
5. DELAHAYE, E. *Rimbaud*. Paris et Reims: Éditions de la Revue de Paris et de Champagne, 1906.

APRENDIZ DE GEÓGRAFO

1. RIMBAUD, A. "Lettre à sa famille du 2 novembre 1880". In: RIMBAUD, A. *Correspondance*, *op. cit.*
2. RIMBAUD, A. "Rimbaud aos seus, 15 de fevereiro de 1881". In: RIMBAUD, A. *A correspondência de Arthur Rimbaud*, *op. cit.*, p. 76.
3. RIMBAUD, A. "Rimbaud aos seus, 4 de maio de 1881". *Ibid.*, p. 79.
4. RIMBAUD, A. "Lettre à sa famille du 3 novembre 1882". In: RIMBAUD, A. *Correspondance*, *op. cit.*

EM OGADEN

1. RIMBAUD, A. "Rimbaud aos seus, 15 de janeiro de 1883". In: RIMBAUD, A. *A correspondência de Arthur Rimbaud*, *op. cit.*, p. 92-93.
2. RIMBAUD, A. "Rimbaud aos seus, 6 de maio de 1883". *Ibid.*, p. 94.
3. *Ibid.*
4. STARKIE, Enid. *Rimbaud en Abyssinie*. Paris: Payot, 1938.
5. RIMBAUD, A. "Relatório sobre o Ogaden... 10 de dezembro de 1883". In: RIMBAUD, A. *A correspondência de Arthur Rimbaud*, *op. cit.*, p. 101.

6. RIMBAUD, A. "Lettre à sa famille du 24 avril 1884". In: RIMBAUD, A. *Correspondance, op. cit.* .

7. RIMBAUD, A. "Lettre à sa famille du 31 juillet 1884". In: RIMBAUD, A. *Correspondance, op. cit.*

8. RIMBAUD, A. "Rimbaud aos seus, 10 de setembro de 1884". In: RIMBAUD, A. *A correspondência de Arthur Rimbaud, op. cit.,* p. 107.

9. RIMBAUD, A. "Rimbaud aos seus, 30 de dezembro de 1884". *Ibid.*, p. 110.

10. *Ibid.*, p. 111.

DE ARMAS EM PUNHO

1. RIMBAUD, A. "Rimbaud aos seus, 3 de dezembro de 1885". In: RIMBAUD, A. *A correspondência de Arthur Rimbaud, op. cit.*, p. 119.

2. RIMBAUD, A. "Labatut e Rimbaud ao Ministro das Relações Exteriores, 15 de abril de 1886". *Ibid.*, p. 119.

3. *Ibid.*, p. 121.

4. *Ibid.*, p. 122.

5. STARKIE, E. *Rimbaud en Abyssinie, op. cit.*

6. RIMBAUD, A. "Rimbaud ao diretor do *Bosphore égyptien*, 20 de agosto de 1887". In: RIMBAUD, A. *A correspondência de Arthur Rimbaud, op. cit.*, p. 127.

7. *Ibid.*, p. 130-131.

8. *Ibid.*

UMA VIDA QUE "PERICLITA"

1. RIMBAUD, A. "Rimbaud ao sr. de Gaspary, 30 de julho de 1887". In: *A correspondência de Arthur Rimbaud, op. cit.*, p. 125-126.

2. RIMBAUD, A. "Rimbaud aos seus, 23 de agosto de 1887". *Ibid.*, p. 137.

3. *Ibid.*

4. RIMBAUD, A. "Rimbaud ao diretor do *Bosphore égyptien*, 20 de agosto de 1887". *Ibid.*, p. 127-136.

5. *Ibid.*, p. 134.

6. RIMBAUD, A. "Lettre à Alfred Bardey du 26 août 1887". In: *Correspondance, op. cit.*

7. RIMBAUD, A. "Lettre à sa famille du 4 août 1887". *Ibid.*

8. RIMBAUD, A. "Lettre à sa famille du 10 novembre 1888". *Ibid.*

O TERROR DOS CÃES

1. "Lettre à Rimbaud du 11 avril 1889". In: *Correspondance, op. cit.*

2. *Ibid.*

3. RIMBAUD, A. "Lettre à Alfred Ilg du 20 décembre 1889". *Ibid.*

4. RIMBAUD, A. "Lettre à Alfred Ilg du 7 octobre 1889". *Ibid.*

5. RIMBAUD, A. "Lettre à Alfred Ilg des 9 et 10 octobre 1889". *Ibid.*

6. RIMBAUD, A. "Lettre à sa mère du 20 février 1891". *Ibid.*

7. RIMBAUD, A. "Rimbaud à sua mãe e à sua irmã, 21 de maio de 1891". In: RIMBAUD, A. *A correspondência de Arthur Rimbaud, op. cit.*, p. 168.

MARSELHA, ESTAÇÃO DERRADEIRA

1. RIMBAUD, A. "Rimbaud à sua mãe e à sua irmã, 21 de maio de 1891". In: RIMBAUD, A. *A correspondência de Arthur Rimbaud, op. cit.*, p. 167.

2. RIMBAUD, A. "Rimbaud à sua irmã Isabelle, 24 de junho de 1891". *Ibid.*, p. 171.

3. RIMBAUD, A. "Rimbaud à sua irmã Isabelle, 20 de julho de 1891". *Ibid.*, p. 178.

4. RIMBAUD, I. *Reliques*. Paris: Mercure de France, 1921.

5. *Ibid.*

6. *Ibid.*

7. *Ibid.*

8. *Ibid.*

9. RIMBAUD, I. "Notas de Isabelle, 4 de outubro de 1891". In: RIMBAUD, A. *A correspondência de Arthur Rimbaud, op. cit.*, p. 179.

10. *Ibid.*

11. RIMBAUD, A. "Rimbaud ao diretor dos transportes marítimos, 9 de novembro de 1891". In: RIMBAUD, A. *A correspondência de Arthur Rimbaud, op. cit.*, p. 182-183.

Sobre o autor

Jean-Baptiste Baronian nasceu em 1942, em Anvers, numa família de origem armênia. É autor de mais de sessenta livros, entre romances, coletâneas de contos e novelas, ensaios, antologias poéticas e histórias infantis. Em seus romances – em particular *La Nuit, aller-retour*, *Le Vent du nord*, *L'Apocalypse blanche*, *Les Papillons noirs* e *Quatuor X* –, gosta de mesclar o real e o fantástico e de colocar em cena personagens confrontados a crimes misteriosos. Especialista em literatura fantástica e policial (ocupou a direção literária das Éditions du Fleuve Noir), dedica-se também ao estudo de Georges Simenon e sua obra, aos quais consagrou dois livros e vários artigos. É membro da Academia Real de Língua e de Literatura Francesa da Bélgica. É autor de *Baudelaire* também publicado na Série Biografias **L&PM** POCKET.

Coleção L&PM POCKET (lançamentos mais recentes)

873. **Liberty Bar** – Simenon
874. **E no final a morte** – Agatha Christie
875. **Guia prático do Português correto – vol. 4** – Cláudio Moreno
876. **Dilbert (6)** – Scott Adams
877(17). **Leonardo da Vinci** – Sophie Chauveau
878. **Bella Toscana** – Frances Mayes
879. **A arte da ficção** – David Lodge
880. **Striptiras (4)** – Laerte
881. **Skrotinhos** – Angeli
882. **Depois do funeral** – Agatha Christie
883. **Radicci 7** – Iotti
884. **Walden** – H. D. Thoreau
885. **Lincoln** – Allen C. Guelzo
886. **Primeira Guerra Mundial** – Michael Howard
887. **A linha de sombra** – Joseph Conrad
888. **O amor é um cão dos diabos** – Bukowski
889. **Maigret sai em viagem** – Simenon
890. **Despertar: uma vida de Buda** – Jack Kerouac
891(18). **Albert Einstein** – Laurent Seksik
892. **Hell's Angels** – Hunter Thompson
893. **Ausência na primavera** – Agatha Christie
894. **Dilbert (7)** – Scott Adams
895. **Ao sul de lugar nenhum** – Bukowski
896. **Maquiavel** – Quentin Skinner
897. **Sócrates** – C.C.W. Taylor
898. **A casa do canal** – Simenon
899. **O Natal de Poirot** – Agatha Christie
900. **As veias abertas da América Latina** – Eduardo Galeano
901. **Snoopy: Sempre alerta! (10)** – Charles Schulz
902. **Chico Bento: Plantando confusão** – Mauricio de Sousa
903. **Penadinho: Quem é morto sempre aparece** – Mauricio de Sousa
904. **A vida sexual da mulher feia** – Claudia Tajes
905. **100 segredos de liquidificador** – José Antonio Pinheiro Machado
906. **Sexo muito prazer 2** – Laura Meyer da Silva
907. **Os nascimentos** – Eduardo Galeano
908. **As caras e as máscaras** – Eduardo Galeano
909. **O século do vento** – Eduardo Galeano
910. **Poirot perde uma cliente** – Agatha Christie
911. **Cérebro** – Michael O'Shea
912. **O escaravelho de ouro e outras histórias** – Edgar Allan Poe
913. **Piadas para sempre (4)** – Visconde da Casa Verde
914. **100 receitas de massas light** – Helena Tonetto
915(19). **Oscar Wilde** – Daniel Salvatore Schiffer
916. **Uma breve história do mundo** – H. G. Wells
917. **A Casa do Penhasco** – Agatha Christie
918. **Maigret e o finado sr. Gallet** – Simenon
919. **John M. Keynes** – Bernard Gazier
920(20). **Virginia Woolf** – Alexandra Lemasson
921. **Peter e Wendy** seguido de **Peter Pan em Kensington Gardens** – J. M. Barrie
922. **Aline: numas de colegial (5)** – Adão Iturrusgarai
923. **Uma dose mortal** – Agatha Christie
924. **Os trabalhos de Hércules** – Agatha Christie
925. **Maigret na escola** – Simenon
926. **Kant** – Roger Scruton
927. **A inocência do Padre Brown** – G.K. Chesterton
928. **Casa Velha** – Machado de Assis
929. **Marcas de nascença** – Nancy Huston
930. **Aulete de bolso**
931. **Hora Zero** – Agatha Christie
932. **Morte na Mesopotâmia** – Agatha Christie
933. **Um crime na Holanda** – Simenon
934. **Nem te conto, João** – Dalton Trevisan
935. **As aventuras de Huckleberry Finn** – Mark Twain
936(21). **Marilyn Monroe** – Anne Plantagenet
937. **China moderna** – Rana Mitter
938. **Dinossauros** – David Norman
939. **Louca por homem** – Claudia Tajes
940. **Amores de alto risco** – Walter Riso
941. **Jogo de damas** – David Coimbra
942. **Filha é filha** – Agatha Christie
943. **M ou N?** – Agatha Christie
944. **Maigret se defende** – Simenon
945. **Bidu: diversão em dobro!** – Mauricio de Sousa
946. **Fogo** – Anaïs Nin
947. **Rum: diário de um jornalista bêbado** – Hunter Thompson
948. **Persuasão** – Jane Austen
949. **Lágrimas na chuva** – Sergio Faraco
950. **Mulheres** – Bukowski
951. **Um pressentimento funesto** – Agatha Christie
952. **Cartas na mesa** – Agatha Christie
953. **Maigret em Vichy** – Simenon
954. **O lobo do mar** – Jack London
955. **Os gatos** – Patricia Highsmith
956(22). **Jesus** – Christiane Rancé
957. **História da medicina** – William Bynum
958. **O Morro dos Ventos Uivantes** – Emily Brontë
959. **A filosofia na era trágica dos gregos** – Nietzsche
960. **Os treze problemas** – Agatha Christie
961. **A massagista japonesa** – Moacyr Scliar
962. **A taberna dos dois tostões** – Simenon
963. **Humor do miserê** – Nani
964. **Todo o mundo tem dúvida, inclusive você** – Édison Oliveira
965. **A dama do Bar Nevada** – Sergio Faraco
966. **O Smurf Repórter** – Peyo
967. **O Bebê Smurf** – Peyo
968. **Maigret e os flamengos** – Simenon
969. **O psicopata americano** – Bret Easton Ellis
970. **Ensaios de amor** – Alain de Botton
971. **O grande Gatsby** – F. Scott Fitzgerald
972. **Por que não sou cristão** – Bertrand Russell
973. **A Casa Torta** – Agatha Christie
974. **Encontro com a morte** – Agatha Christie
975(23). **Rimbaud** – Jean-Baptiste Baronian
976. **Cartas na rua** – Bukowski
977. **Memória** – Jonathan K. Foster
978. **A abadia de Northanger** – Jane Austen
979. **As pernas de Úrsula** – Claudia Tajes
980. **Retrato inacabado** – Agatha Christie

UMA SÉRIE COM MUITA HISTÓRIA PRA CONTAR

Alexandre, o Grande, Pierre Briant | **Budismo**, Claude B. Levenson | **Cabala**, Roland Goetschel | **Capitalismo**, Claude Jessua | **Cérebro**, Michael O'Shea | **China moderna**, Rana Mitter | **Cleópatra**, Christian-Georges Schwentzel | **A crise de 1929**, Bernard Gazier | **Cruzadas**, Cécile Morrisson | **Dinossauros**, David Norman | **Economia: 100 palavras-chave**, Jean-Paul Betbèze | **Egito Antigo**, Sophie Desplancques | **Escrita chinesa**, Viviane Alleton | **Existencialismo**, Jacques Colette | **Geração Beat**, Claudio Willer | **Guerra da Secessão**, Farid Ameur | **História da medicina**, William Bynum | **Império Romano**, Patrick Le Roux | **Impressionismo**, Dominique Lobstein | **Islã**, Paul Balta | **Jesus**, Charles Perrot | **John M. Keynes**, Bernard Gazier | **Kant**, Roger Scruton | **Lincoln**, Allen C. Guelzo | **Maquiavel**, Quentin Skinner | **Marxismo**, Henri Lefebvre | **Mitologia grega**, Pierre Grimal | **Nietzsche**, Jean Granier | **Paris: uma história**, Yvan Combeau | **Primeira Guerra Mundial**, Michael Howard | **Revolução Francesa**, Frédéric Bluche, Stéphane Rials e Jean Tulard | **Santos Dumont**, Alcy Cheuiche | **Sigmund Freud**, Edson Sousa e Paulo Endo | **Sócrates**, Cristopher Taylor | **Tragédias gregas**, Pascal Thiercy | **Vinho**, Jean-François Gautier

L&PMPOCKET**ENCYCLOPAEDIA**
Conhecimento na medida certa

IMPRESSÃO:

GRÁFICA EDITORA Pallotti
IMAGEM DE QUALIDADE

Santa Maria - RS - Fone/Fax: (55) 3220.4500
www.pallotti.com.br